教室里的秘密

主　编　张胜辉

副主编　崔　英

中原出版传媒集团
中原传媒股份公司

大象出版社
·郑州·

图书在版编目（CIP）数据

教室里的秘密／张胜辉主编.—郑州：大象出版社，2017.9（2018.3重印）
（"爱育精彩"丛书）
ISBN 978-7-5347-9514-5

Ⅰ.①教…　Ⅱ.①张…　Ⅲ.①小学教育—文集
Ⅳ.①G62-53

中国版本图书馆 CIP 数据核字（2017）第 220241 号

教室里的秘密
JIAOSHI LI DE MIMI

张胜辉　主编

出　版　人	王刘纯
责任编辑	梁金蓝
责任校对	裴红燕
装帧设计	王　敏

出版发行　大象出版社（郑州市开元路16号　邮政编码450044）
　　　　　　发行科　0371-63863551　总编室　0371-65597936

网　　址	www.daxiang.cn
印　　刷	郑州市毛庄印刷厂
经　　销	各地新华书店经销
开　　本	787mm×1092mm　1/16
印　　张	17.25
字　　数	231千字
版　　次	2017年12月第1版　2018年3月第2次印刷
定　　价	36.00元

若发现印、装质量问题，影响阅读，请与承印厂联系调换。
印厂地址　郑州市惠济区清华园路毛庄工业园
邮政编码　450044　　　电话　0371-63784396

序 言

2013年10月23日，北京第二实验小学洛阳分校正式挂牌成立，学校规模设置为一校三区：美茵校区、凝碧校区、英才校区。我校依托北京总校深厚的文化底蕴、先进的管理理念，结合我校实际情况，在总校"以爱育爱"的基础上提炼出我们自己的办学理念——"爱育精彩"，旨在培养精彩学生、成就精彩教师、引领精彩家长。

唐朝韩愈在《师说》中说："师者，所以传道受业解惑也。"所谓"道"，即"道德观念"。近代著名教育家陶行知也说："德高为师，身正为范。"两位教育家不约而同地选择"德"作为教育的首要目标。作为校长，我始终认为，教师的精彩不仅仅是教师的专业过硬，不仅仅是培养出学业成绩优异的学生，最重要的是教师能否率先垂范，用行动书写一个大的、完整的"人"。唯有教师为"师"、为"范"，才能在与一个个有待成长的生命个体进行互动时，以正面的、积极的影响，促进学生更好地发展。因此，我提出"思想比业务更重要"，而这个思想，就是师者之爱。

所谓"师者之爱"，不仅仅指教师具有"爱的意识"，更指教师要具有"爱的能力"并落实到"爱的行动"中。学校搭建了多重的学习和交流平台，引导教师把工作中的问题当作课题进行探讨，把教育中的智慧当作经验进行分享。几年来，发生在师生之间、家校之间、老师和老师之间、家长和家长之间、学生和学生之间的种种事件，都让我深深感受到用"爱"做教育所带来的神奇效果：爱，让学生更加健康快乐，让家长对学校更加信任支持，让教师更加拥有职业尊严，让团队更加充满蓬勃生机，让学校赢得社会的支持与赞誉；爱，融化了心的隔阂，带来一片和谐。

老师们是平凡的，但是因为"爱"，他们一个个又如此的不平凡。他们是天使的化身，把爱的种子播种到一个个幼小的心灵里，用"爱"的行动陪伴他们生根、发芽、长叶、开花……他们在任何教育场所，抓住教育契机，创造出一个个属于他们的教育奇迹。

翻阅《教室里的秘密》，欣赏这些精彩的教育瞬间，我为我的老师们自豪，也期待他们在这条"爱"的教育之路上，播撒更多智慧，收获更多属于自己教育生涯的灿烂与芬芳！

北京第二实验小学洛阳分校校长　张胜辉

目录

孩子,你慢慢来!   1

用爱心贴近童心   雷　明   3
让爱浸润每个孩子的心   黄冰冰   6
用爱唤醒孩子的潜能   陈俊俊   9
爱育精彩之精彩家长   韩红敏   13
别怕,你可以的   姜莫寒   16
诚为径,爱才圆   梁　艳   19
爱是打开心的钥匙   徐文霖   22
我的"菜园子"   张晓茹   26
孩子,你慢慢来   谷晓飞   30
认错,要主动一点儿   贾海霞   33
学会示弱,教会孩子去爱   雷腊腊   36
逞强还是示弱   段武杰   39
那一张灿烂的笑脸   侯百倩   43
初雪的孩子   张　艺   46
孩子,老师陪着你   金杏芳   50

爱与陪伴的力量	邢晓川	53
用智慧和爱静候花开	李文燕	55
在爱心中孕育成长	王彩霞	58
牵着你的手，慢慢走	赵亚芳	61
发现不同的美	李海莎	64
我想和你们一起成长	尹子涵	67

孩子，老师陪着你！

张牙舞爪的小螃蟹	杨 静	75
爱的"南风效应"	李新惠	81
倾洒甘露　爱润心田	臧君丽	85
放低教育的"门槛"	刘春霞	88
携爱前行　共同成长	杨彦彦	91
呵护心灵，用爱温暖陪伴	徐国霞	94
足球赛的后续故事	齐明明	98
给孩子们一片蓝天	徐冬霞	101
用爱陪伴　因爱成长	朱 琪	104
有一种爱叫信任	白 寓	107
爱如阳光	刘玉慧	110
香包里的爱	张苏毅	113
一把小花伞	宋彦辉	117
花雨伞下的爱	白晓丽	120
在犯错中成长	白亚平	123
爱的进行曲	王静利	126
做老师就要像太阳	马 青	129

爱的唤醒	郭丹辉	132
宽容与等待	吕碧贞	135

孩子，相信你能行！

一路向阳，静候花开	赵聪丽	141
爱，让我们共同成长	兰蕴芳	144
因缘相聚　携爱而行	张纪萍	147
爱，是最好的教育	马晓莹	150
爱的力量	郭琳歌	153
甜甜的幸福	程婧婧	156
一节"临时"班会	李　洁	159
改　变	李育晓	162
特别的爱给特别的你	孙利娜	165
只为特别的你	张新洁	168
小成，加油	刘茹霞	171

孩子，面向阳光吧！

用爱的钥匙打开心灵之门	付俊祎	177
欢喜冤家	司马会鸽	180
成就自我的舞台	王聪聪	184
用情陪他走	毛香利	187
那泪，滴在我心间	张文晓	191
用心，爱才暖心	李　培	194
打开窗，让阳光照进去	杨继红	198
用爱撑起一片天	王曼利	201

面向阳光　迎风飞翔　　　　　　　贾利强　204

爱是陪你一起成长　　　　　　　　牛菲菲　207

孩子，做最好的自己！

你会变成更好的模样　　　　　　　丁俊丽　213

爱的路上有大家　　　　　　　　　赵方方　216

静候花开　　　　　　　　　　　　李宝红　218

孩子，你要成为最好的自己　　　　郭欣欣　221

悦纳孩子　　　　　　　　　　　　范晓燕　224

你　们　　　　　　　　　　　　　李丽文　227

爱需要智慧　　　　　　　　　　　陈向珍　230

从为新书穿新衣开始　　　　　　　潘超超　233

吃橘子　　　　　　　　　　　　　张小红　236

爱润童心　　　　　　　　　　　　郜鹏燕　239

孩子，微笑最美！

友谊的小船怎能说翻就翻　　　　　曹淑云　245

让阳光照进心灵　　　　　　　　　曹园园　248

一本有爱的日记　　　　　　　　　刘　英　251

有一种爱叫作期待　　　　　　　　陈晓红　254

让爱绽放心间　　　　　　　　　　李　珊　257

发现"他"的美　　　　　　　　　　吴丹丹　260

给孩子一个微笑　　　　　　　　　宗卫东　263

孩子，你慢慢来！

用爱心贴近童心

◎ 雷 明

对待班里的"特殊孩子",需要我们静下心来寻根究底,查找问题的根源,切不可急于行事,给孩子带来更大的伤害!

"小学生天真无邪,作为班主任,最基本的'功课'就是能和他们一起欢笑、一起激动、一起流泪,用自己的爱心去换取孩子们的童心。"多年来我始终把爱心作为一把通往孩子内心世界的钥匙,开启了一扇爱的大门。

沉默寡言的小男生

我刚接任这个班时,就发现班里有一个名叫小浩的同学整天沉默寡言:课堂上,他从来不主动发言;课间休息时,他总是一个人蹲在教室后面的墙角旮旯处独自玩耍,同学找他玩,他要么拒绝,要么爱理不理。

我第一次找他谈话时,他也摆出一副不屑的样子,不管问什么问题,他有时会"嗯"一声,有时干脆把头一歪什么也不说。

有的同学说:"他是从外地来的,不会说普通话,大家老笑话他。"有的同学说:"他好像耳朵有毛病。"还有的同学说:"他学习不好,没人愿意和他玩。"

为了找到小浩沉默寡言的原因,我决定家访。

家访找出症结所在

当我第一次走进小浩家时，被眼前的景象惊呆了。一间不足15平方米的出租房里，住着小浩一家四口人，厨房和卧室拥挤在一起，室内阴暗、潮湿，四周杂乱地摆放着一些简单的生活用品，这哪像一个家呀！

原来，小浩老家在外地，去年被在洛阳打工的父母接来上学。由于家境贫寒，小浩的营养明显欠缺，不但人很瘦弱，也显得不机灵。看着小浩简陋的家，我找到了问题的症结：也许是贫寒的家境，造成了他内向的性格，而拮据的生活，则让小浩过早地体味到生活的艰难。小浩的父母告诉我，因为家里穷，小浩从小到大没穿过一件新衣裳，从懂事起，他就不愿和小朋友们一起玩。

就在那一刻，我决定用爱心帮助小浩走出阴影。

爱心换回学生自信

家访回来后，我把小浩叫到办公室进行了交谈，尽管此时的小浩仍然对我的谈话似听非听，但我明确告诉他："我以后就是你的好朋友，你有什么困难就对我说，我一定想办法帮你解决。"

检查语文作业时，我发现小浩的作业本快写完了，便悄悄地给小浩买来了语文、数学作业本；发现小浩早上没有吃饭，便赶紧去给他买来了包子、牛奶；看到小浩病了，我骑车把他送到医院；小浩的学习成绩不理想，我便给他"开小灶"，鼓励他凭借自己的勤奋赶上学习好的同学……

以爱育爱，我的真诚感化了小浩，不到两个月的时间，小浩就变得开朗了，学习成绩也上来了，脸上洋溢出从未有过的笑容。

校长心语："以爱育爱，爱育精彩"不是一句空洞的口号，需要我们将其落实到平时的教育教学工作中去，真正用我们的爱心、耐心、真心、恒心赢得家长的放心！教师的爱可以唤起孩子们对生活的热爱，对未来的憧憬！

爱的回声：

  雷老师是我们一(6)班的班主任，他是最好的老师。他有时候对学生挺严厉的，但我能感觉到他是从心里爱我们的。我特别喜欢听雷老师讲课，他讲课的内容很丰富，很有意思。有时候我们班的学生生病了，雷老师就特别着急，带他去医务室看病，通知家长，感觉那就是他自己的孩子。

——美茵校区一(6)班　王奕铭

  作为"80后"的雷明老师，他是年轻的，更是一位称职、负责、有经验的好老师。他凭借自己有趣的教学方法、丰富的教学经验，迅速赢得了孩子们的欢心，成为他们心中的"男神"。我很感动于某次雷老师不经意时说出我的丫头不爱吃洋葱，那天是看着她才把午饭吃完的。只有家长才会担心孩子下午会不会饿着，抑或是不允许他们挑食，也许雷老师的潜意识里早已把这些学生都当成了自己的孩子，就是这些点点滴滴、貌似细微的爱心温暖了大家。我很庆幸，也很放心能有这么一位老师陪伴孩子。

——美茵校区一(6)班　李妍锌家长

让爱浸润每个孩子的心

◎ 黄冰冰

作为一名教师，所能做的就是轻轻托起他美丽的双翼，让他自信、自由地尽情飞翔；作为一名教师，只需轻轻地将童心安放在温润、静谧、甜美的土壤中，耐心地等待梦想的种子悄然生根、发芽、开花。

每次听到孩子们那一声声甜甜的"老师"，看到孩子们那一双双崇拜的眼睛，我就感到无比的骄傲和自豪。十几年的教学生涯，让我深深懂得，一个称职的老师只有业务过硬是远远不够的，还应该得到学生这样的评价：老师像慈爱的母亲、严厉的父亲、真心的朋友、学习的榜样。而得到这些评价的唯一途径就是用爱和学生进行心与心的交流。

开学之初，在我的第一节课上，我就发现他是那么的"与众不同"，他身上的衣服脏兮兮的，普通话也说得不好，活泼、调皮，注意力很难集中，缺乏毅力，写字潦草、马虎，加上不爱整洁，作业本、课本常常脏兮兮的……对于这样的学生，我更要静下心来，耐心地对待他，等待他的变化。从此，我特别注意和他沟通。当他又拿出脏兮兮的作业本时，我总是很温和地喊他到我身边，拿出橡皮帮他擦干净作业本的封面，又把本子角一页一页的捋直抹平："要爱护作业本，是不是啊？"一次又一次，渐渐地，我看到他眼中流露出对我的信任。对于他写的作业，不管完成了多少，我都是认真批改，然后写上

"加油"两个字。

记得在开学一个月的时候,我们班要上一节公开课,课前我做了大量的准备,对这节课充满信心。在上课的前一天,我对学生反复强调上课要求,唯恐出错。放学时,一名女同学悄悄告诉我:"老师,他让我明天帮他请假,就说他病了。"听了这话我的第一感觉就是这个学生要逃学。我找到他询问原因,孩子怯怯地说:"我笨,啥都不会,明天不想来了。"听后我为之震惊,一个6岁的孩子就承认自己笨,刚开学一个月就想要逃学,如果是自己的孩子我会怎么办?冷静下来后,我对他说:"没关系,明天你只要坐端正认真听就行了。老师不提问你。"孩子轻轻地点点头,可我还是从他的眼睛中看到了恐慌。第二天的公开课上,他比任何时候听得都认真。

一个月过去了,一个学期过去了,他的表现越来越好。我对待这个孩子,没有说教,没有批评,有的只是鼓励和奖赏!在他幼小的心灵里种下自信和拼搏的种子,用爱心去感化他,用耐心去关注他的点滴变化。也许他的进步犹如蜗牛行走,缓慢至极,但只要坚持也会有到达终点的时候。

校长心语:有位作家曾说过:"只有爱孩子的人,他才可以教育孩子。没有爱就没有教育。"黄老师把这个学生当成"特殊关注"的对象,上课观察他的一举一动、一言一行,并且经常在全班学生面前表扬他,让他身上的小优点扩大化,让所有学生都发现他的存在。黄老师用心地多方面了解自己的学生,然后适时地进行鼓励,这正是我们学校"以爱育爱,爱育精彩"的真实体现。相信学生、理解学生、尊重学生,微笑着面对学生,学生会把全部的爱心和敬意奉献给我们,我们的工作也一定会开展得卓有成效。

爱的回声：

　　每天早上醒来，我都着急地催着爸爸赶快送我到学校去，我的好朋友们、温柔的黄老师和幽默的王老师，他们都会在学校等着我。我们一起学习，一起玩耍。下课了，大家会分享好看的书和好吃的水果。

　　在学校里，每天听到最多的话是：多喝水，去校园玩的时候不要跑。有的时候表现好了，老师还会给我们发一些小奖励。在一（2）班太开心了，我喜欢我们班！

——美茵校区一（2）班　李颂扬

　　一年以前，我们有太多的不放心，进入一个新的环境，孩子能否适应？开学的那几天，我总是惴惴不安，新的学校、新的老师、新的同学，我担心孩子不能很好地适应。可是每天放学，迎接我的总是孩子的笑脸时，我才知道自己的担心是那么多余。

　　这样一个被"爱"包围的学校，这样两位用"爱"身体力行的老师，这样一个充满"爱"的班级，让我特别地开心和感恩。

——美茵校区一（2）班　郝畯澄家长

用爱唤醒孩子的潜能

◎ 陈俊俊

"师生本无一定的高下，教学也无十分的界限。"在教学工作中，陶行知先生的这句话给了我太多的启示。在教学中结合学生实际，我潜心研究，努力达到学生与老师和谐共同发展的效果。

每年9月，都有一批学龄儿童进入小学，开始他们的学生生涯。启蒙老师就是他们漫漫求学之路的领路人，带领懵懂孩童进入知识的殿堂。

面对这么多过于活跃的一年级孩子，对于刚入职的我来说，有点力不从心。他们可爱、善良，我对其百般呵护；他们淘气、惹事，我对其进行爱的教育。我总是无条件地去包容他们的一切，也希望他们用爱来回报我。然而事情不会总是那么遂人意，他们开始"放飞自我"，其中让我印象最深的就是班级中一名身材瘦小、调皮至极的男孩子！

他从来不会约束自己的行为，过于任性，一言不合就动手，身边的同学无时无刻不在打他的小报告；过于自私，所有自己喜欢的东西都想据为己有。起初，我对他的一些行为一度地包容，也许正是因为这样，他越来越放纵，甚至在课堂上做起了课下才能做的事，扰乱课堂纪律，影响其他同学学习，课堂上常常引得同学们哄堂大笑，班长、老师的话他根本不听……于是我进行了反思，是不是应该转变一下我的教学方式？

有人说，老师与学生是永远的"猫鼠大战"；也有人说，老师与学生是永远的智慧比拼，永远的灵魂对话。我想，老师与学生，仅仅有爱是不够的，还要有智慧！

接下来，我一直寻找一个契机，一个可以改变他的转折点。一天午休，大家都安静地趴着休息，就他那儿时不时地传出奇怪的声音，很多学生因为他也开始淘气，导致教室纪律很乱，我很生气，在多次提醒无果的情况下，我把他叫出来，小声和他探讨一件事情：让他当一次小班长，拥有班长的所有权利，但前提是必须在午休时间内安安静静地休息，这样才能让大家信服。果然，这个"诱惑"对于他是有用的，在接下来长达一个多小时的午休时间内他竟然睡着了，这对于连两分钟都不能安静下来的他来说简直就是奇迹！

一下课，他就跑过来问我："老师，我可以当班长了吗？"我看了他一眼，只是笑了笑，没有任何表示。他有些惊愕。上课铃声响了，大家都已坐好，他慢悠悠地进来了，没有喊报告就回到自己的位置上开始倒腾手里的东西，这时我大声地说："同学们，今天我要表扬一名同学，他今天的进步让老师非常吃惊，相信大家也知道是谁了，大家一起说，是谁让今天的午休课堂如此的安静？"大家异口同声地说出他的名字，当时还在走神儿的他突然愣住了，害羞地低下了头。后来，我奖励了他一朵小红花和他盼望已久的当一次班长！下课后，他找到我，说还以为我反悔了，我告诉他我是想在全班人面前夸奖他，让大家都为他骄傲！

让我没想到的是，他虽然很淘气，但是很有领导能力，在一下午的班长体验中，他把班级管理得井井有条，不仅主动去帮助同学，还解决了两位同学之间的矛盾，这让我看到了希望，看到了他身上的闪光点。下课后，我单独找他，问他有什么感受，他告诉我本来想凭着班长的身份做一些为所欲为的事情，可是不知不觉却……我笑着摸了一下他的头问这种感觉好不好，他高兴地说当解决完同学之间的矛盾时感觉自己很有价值，以后还要当班长。我说那就要加油，比之前还要好才行！

　　在之后的学习中，他虽然还有点淘气，但是在课堂上能约束自己的行为了，从之前的从来不会主动去制作手工到现在积极地问我如何做得更好，他很聪明，每次做完之后还会帮助同桌完成。他一点点地进步着，我对他的夸奖也不断，开始让他为同学们发书、收作业，并且在与他的家长沟通时我也重点说到了他的进步，这些都成了他进步的动力！

　　此后我发现了他越来越多的闪光点：他运动能力强，是我们班的足球小健将，比赛的时候特选他为主力，为班级赢得了一场又一场的比赛；他热情幽默、多才多艺，我经常让他在全班同学面前展示自己的才艺，他好像很享受这种感觉，每次准备都很用心。

　　　　校长心语：做一个有爱心、有智慧的老师，不因学生个性、丑美、成绩好坏而有所偏爱，每个学生都有自己的闪光点，老师就应用自己的行动去爱护学生，用自己的灵魂去塑造学生。一旦你去发现他、关注他、鼓励他，相信一定会有奇迹出现！

爱的回声：

　　记得今年元旦的时候，我们学校组织了一场"元旦游艺会"，那天学校可热闹了！几乎所有孩子的家长都来了，有个别家长没有来，老师就当他们的家长，和他们一起完成项目。二年级有个姐姐，她的家长没有来，我们班的陈老师做了她的家长，陪她玩了"两人三足走"的游戏，我觉得她肯定很高兴！老师们还当裁判，那天我玩了袋鼠跳跳跳、拍篮球等项目，还得到了好多积分卡，可开心了！

　　　　　　　　　　　　　　　　——美茵校区一（1）班　朱怡萱

儿子自己不会系鞋带。有一天，儿子回来告诉我："妈妈，我们语文王老师手可巧了，拉一下，再拉一下，我的鞋子上就有了一个漂亮的蝴蝶结！"

儿子开始喜欢读书了。学校的"读书三仕"活动，让儿子懂得读书是一件光荣而美好的事情，晚上睡前总要把报纸摊一床，然后找"米小圈"的故事读，百看不厌，津津有味！

短短的一年，孩子感受着爱，懂得了尊敬，还养成许多受益终身的好习惯！他心里留下太多美好的东西！谢谢老师们！

——美茵校区一（1）班　师琮哲家长

爱育精彩之精彩家长

◎ 韩红敏

完善的家校合作能更好地促进孩子健康成长，让孩子充分享受到来自老师和家长的关怀，让教育给孩子带来欢乐。

新学期的家长讲堂开始了，报名的家长很多，看得出来，家长们的素质很高，能够积极主动地参与孩子的成长，勇于承担，勇于展示。

第一位开讲的是第一个报名的戴睿宸的妈妈。戴妈妈如约而至，先到教室里和孩子们聊聊天，上课铃响后，退出教室，等我给孩子们正式介绍后，她才走上讲台，孩子们惊讶地说："戴睿宸的妈妈真漂亮。"戴妈妈落落大方地给孩子们介绍了自己的名字与职业，收放有度地结合自己的职业——工商行政管理局的工作人员，给学生讲了在生活购物中如何维权，保障自己的合法权益。在讲解时，突然有个孩子问："戴睿宸脸上怎么有那么多疤。"我心中一惊，这孩子怎么能揭短呢？全班50名学生，只有戴睿宸比较瘦小，脸上有好几处红疤，作为一名教师，我尽力不去关注这个问题，把他当作50名学生中的正常一员，现在这个孩子怎么突然问起这件事呢？只见戴妈妈轻声细语地说："戴睿宸脸上不是疤，是胎记，我也不知道为什么，他生来就是这个样子。"李心怡马上接着说："那是因为不让他走丢了，他长得与众不同。"多么善解人意的孩子，孩子们多可爱呀！戴妈妈说："你说得太棒了，我也是这样想的。在此我要特意表扬一下戴睿宸,在他不到一岁时,我们就带他到北京做手术,全身麻醉,一个月不能用手碰脸。在多次手术中,戴睿宸都坚持了下来。"我带头把热烈的掌声送给了这对乐观、勇敢的母子。从他们身上,我看到了伟大的母爱,一个母亲为了给孩子创造一个友爱、乐观、自信的环境,勇敢地走到台前。戴妈妈,我明白你的良苦用心,我会和你一同为孩子们健康、快乐成长尽我所能。

我们班进入了一年级足球赛的四强赛和决赛。为了给孩子们鼓舞士气,苏紫玥的妈妈亲自做了五六十个蛋塔,满满的一大袋子,送到班上让每个孩子品尝。刘俊宏的爸爸为比赛进行了全程战术指导和鼓劲加油。四强赛和决赛是连续进行的,每场三十分钟,一年级刚刚入学的孩子们能顶下来,而且要来回不停地奔跑,还要讲究战术、战法和进球,对体力、耐力、智力绝对是一个很大的挑战。刘俊宏的爸爸根据现场情况,有计划、有步骤地安排候补队员进行替换和补充,并在比赛间隙为每一位队员进行身体按摩和放松,使孩子们的疲惫得到有效缓解,进而士气大增,一路过关斩将取得了冠军。大家都很激动,这次收获的不仅仅是荣誉,更是孩子们成长过程中难得的人生体验。孩子们感受到了集体的力量、团结的力量、拼搏的力量。

一(3)班的孩子很骄傲、很幸福,因为他们拥有有爱心、有素质、乐于奉献的好家长;一(3)班的老师很幸福,因为他们拥有肯付出、愿配合的家长。正是由于各位家长的默默支持,甘于付出,才使我们一(3)班的天空别样精彩。

校长心语:教育家苏霍姆林斯基说过:生活向学校提出的任务是如此的复杂,以致没有整个社会,首先是家庭的高度的教育素养,那么不管教师付出多大的努力,都收不到完善的效果。为此我们请家长进校,参与我们学校的教育教学工作,以了解学校,认识学校,与学

校保持一致，力争达到教育教学效果最优化。从这些故事中，我们看到了老师的智慧引领，家长的积极配合，孩子的健康快乐成长。

爱的回声：

  感谢老师一年来对孩子完整和全面的教育，你们用爱心改变了她，使一个顽皮、不懂事的孩子变成了一个活泼、自信、懂事的小学生。作为家长，感谢你通过家校联系、家长会及日常的沟通架起互信的桥梁。你就像妈妈一样细心观察着每一位孩子，总是费尽心思、想尽一切办法来激发孩子的学习兴趣，让孩子在快乐中学习。作为家长，我非常荣幸，孩子能遇到这么负责任、爱生如子的老师，让孩子在充满爱的环境里健康、快乐地成长！

——美茵校区一（3）班　杜怡宣家长

别怕，你可以的

◎ 姜莫寒

那是一个阳光灿烂的下午，比阳光更灿烂的是孩子们的笑容。

我们班正在竞选班长。平日里表现突出的孩子自然是积极准备、跃跃欲试，但绝大多数孩子还在观望，缺乏自信、害怕失败是他们共同的特点。为了给他们锻炼的机会，我尝试着这样做。

"孩子们，老师和你们一样经历过幼儿园、小学，也跟你们一样参加过竞选班长的活动，而我那时候像班里的很多小朋友一样，很犹豫、很纠结，不清楚自己能不能胜任班长的工作。你们猜老师最后参加竞选了吗？对，老师跟你们中的很多小朋友一样少了那份勇气，没有迈出那一步，直到大学毕业，老师都没有勇敢地迈出那一步，没勇气说出想当班长的话，这一直是我的遗憾，但是我不希望这也变成你们以后的遗憾。"我的话音刚落，又举起了几只小手。这时候我看到了一个现象，有些孩子的小手是举起了又放下，放下了又举起。

我接着说："老师当时在竞选班干部之前没有站上过舞台，没有担任过任何职务。我默默地问自己能不能起好带头作用，其他的小朋友是否信任我，我的成绩不优秀老师会不会不喜欢我……直到后来有一个每年都当班干部的好朋友告诉我，她在第一次当班干部之前就连举手回答问题的勇气都没有，可就是因为那次的勇敢，让她的生活、学习发生了意想不到的变化。孩子们，你们也一样可以做到，不要怕。"这时候，那几只小手伴着直挺的手臂和坚定的眼神告诉我：他们可以。于是，这次班长竞选由原计划的一节课变成了三节课，竞选人数从7个人变成了30个人。人数太多了，我采取抽签的形式，抽到几号就第几号发表竞选宣言。

我在下面看着他们一个个走上讲台说着自己的竞选宣言，看到那么多孩子因为我的一段鼓励的话最终鼓起勇气上讲台，心里很是欣慰。或许他们站在讲台上会紧张地半天说不出一句话，或许他们只是因为父母给他们施加的压力才来竞选的，但是他们愿意站上来说出自己的想法，我真的觉得他们太棒了，比当年的我棒。竞选结束了，我问一些孩子选那些小朋友的原因，理由各种各样，有幼稚地说因为和她关系好的，有单纯地说喜欢她的，有一本正经地说觉得她很善良的，有坚定地说相信她可以当好班长的。

晚上，我接到一些微信信息，都是孩子们自己的想法。他们说自己很快乐、很满足，虽然没有竞选上这次班干部，但站到讲台上告诉其他小朋友自己真实想法的时候觉得很轻松、很愉快。还有选上的孩子发来微信信息告诉我，他一定会做好这个班长，不辜负老师和同学们的信任。

校长心语：每个老师都会说爱学生，爱的形式各种各样，或是鼓励或是夸奖或是拥抱或是严格，而说和做是无法分离的。请做一名用爱和行动去感染学生、用言语和行为真真切切对待学生的老师。

爱的回声：

"姜妈妈"，我们都是这样称呼姜老师的，因为姜老师像妈妈一样爱我们。天冷了，加餐的牛奶，姜老师都会用热水给我们温一下；吃饭时总是不让我们剩饭;"精彩两分钟"活动,姜老师都会给我们拍照片留念;还有为了让我们多喝水,老师想了很多方法。

——美茵校区一(3)班　王赵嘉凡

诚为径，爱才圆
——我们的戏剧故事

◎ 梁 艳

戏剧《鼠小弟找春天》在欢乐的乐曲声里圆满落下帷幕，让快乐和认真在这一刻定格！

当学校布置了戏剧活动后，我就开始思索，起初是茫然，毫无头绪，感慨：小小一年级娃娃，能演什么剧？犹豫了好一阵子，没有把任务布置下去，最后，我想，要演就全员参与，一个也不能少！想好后就第一时间召开会议，和家长讨论想法、设计方案。我表态：虽然效果无法预知，还是建议全员参与，给每一个孩子一次上台的机会，每个角色都重要，让孩子感受自己是重要的、不可替代的！家长们一致同意。于是，我们商定以孩子们熟知的经典绘本《鼠小弟》改编一个生动有趣的剧本。

时值烂漫春日，剧本就定为《鼠小弟找春天》，接下来要火速确定角色，故事讲的是鼠小弟和一群动物朋友找春天，所以我们需要"草、树、花"，还需要美丽的"蝴蝶、蜻蜓"来装点舞台……他们没有台词还是个"体力活"，要是都争着竞选动物角色该怎么办？好，不是刚学过一篇课文《演一棵大树》吗？阿海的形象深入人心，就从这里入手吧！我开班会讲活动，先讲鼠小弟，再讲鼠小弟的动物朋友，孩子们兴致盎然，问谁想演鼠小弟，或者蝴蝶、蜻蜓，台下举手一片。我又说春天这么美，我们要把舞台装扮得美美的，还需要嫩绿的小草大树、美丽的花儿……然而有些冷场。我问：大家还记得《演一棵大树》课文吗？台下沸腾了，阿海一来，果然非同凡响。晚上，微信群里给我报名想扮演"大树"的超乎想象得多，原本"主角"需要竞演，我们班"群众演员"却大爆棚了！

　　角色选定后，需要快马加鞭排练，但又不能耽误上课，我们需要抽课余时间排练。人员多，编排节目费时、费力，很显然单靠老师的力量远远不够，于是我请几位家长参与了进来，有主动承担服装道具安排的，有专门排练台词动作的，群策群力，甚至我们利用周末时间进行彩排。在大家的共同努力下，孩子们开始进入状态，表演步入正轨。身为一（4）班的家长和老师，我们都有一颗为孩子服务的心，这一点很重要。在演出的前一晚，我在微信群里征集化装师："梁老师，我可以去帮忙，可我不会化装。""梁老师，我不会化装，我可以给孩子们梳头发。"……质朴的语言，诚挚的感情，道不尽满屏的感动。

　　演出如约而至，可爱的鼠小弟和他的动物朋友们终于找到了春天，一曲风琴和钢琴合奏的《春天》将故事快乐收尾。挺拔的"大树"、笔直的"小草"都充满了"向上拔尖"的劲头，他们在认真演绎属于自己的"主角"。亲爱的孩子们，一次演出，一段成长，把掌声送给你们，我为你们感到骄傲！

　　一次演出，凝结了太多人的智慧和汗水，我不由得感慨万千，想起了第一次家长会，我说希望自己和家长们像伙伴一样和睦相处，因为我们都是"孩子"的伙伴。很高兴，真的如我所愿，工作中我们真诚以待，相互理解，这就是动力，让我感觉一切的付出都是有价值的。在这个温暖的大家庭里，让我们共同绘制出最美的爱的蓝图！

校长心语： 爱是一个永恒的主题，它能给平凡的职业生活增添别样的光彩！做个幸福的劳动者、光荣的领路人，陪着孩子一起成长，一路收获幸福。爱育精彩，情满人生！

爱的回声：

我们的戏剧是《鼠小弟找春天》，我的角色是旁白和唱歌，能演这个角色我很开心。

为了演好戏剧，我们班的老师和每一位同学都很努力。我们背台词、练动作，就连演小花、小草的同学都很认真呢。很多时候，别的班学生都放学了，我们还在练习。我们流的每一滴汗都是有用的，戏剧演出很成功，同学们都欢呼起来了！

通过这次排练戏剧，我懂得了一个道理，凡事靠一个人是不行的，大家一起努力才能成功！

——美茵校区一（4）班　昌若曦

当初夏的第一缕阳光投放大地，朵朵绚烂娇艳的花儿竞相开放的时候，我观看了孩子在学校的戏剧表演。

张张笑脸，阵阵笑声，都充满着幸福和快乐。孩子们给家长的惊喜是无法言喻的。这次精彩的演出是老师精心准备并与孩子们一起辛苦排练交上的完美答卷，也是我家孩子成长过程的一次美好回忆。演出虽然结束了，但春天的气息在我们心中越发浓郁了！

——美茵校区一（4）班　谢卓昂家长

爱是打开心的钥匙

◎ 徐文霖

一年级下半学期，班里转来了一名新同学。可不知道为什么，这个孩子一来就带着"愤怒"与抗拒。他不进食堂吃饭，对劝说的老师们大吼大叫；他很容易生气，一生气就紧握拳头、怒目圆睁地看着你；他不太会交朋友，总会有同学哭着来我这儿告他的状……

班上的一个孩子下课悄悄地跑过来对我说："老师，在幼儿园我和他一个班，我们都不和他玩儿。"没过多久，我便知道了原因，这个孩子上课时"随心所欲"，书本几乎没有在课桌上出现过，遇到想回答的问题就直接脱口而出。他每天都有无数的问题要问，这些问题千奇百怪，有时候让人哭笑不得。他的口头禅就是："老师，我有一个问题想问你。"我总能收到来自其他孩子的"小报告"："老师，他把我借给他的笔弄断了！""老师，他把我的作业本撕烂了！"……而此时的他一定是气鼓鼓地站在一边紧握着拳头，眼睛里充满了愤怒与委屈。

这该怎么办？孩子在新环境中难以得到认同，甚至被排斥，这让他越来越没有信心在班级中待下去。家长也束手无措，不知道该怎么帮助孩子度过这个阶段。于是，我们的"攻坚战"开始了！耐心地开导谈话，严厉地批评教育，在他的行为习惯中发现问题找到突破口。最终在一次老师、家长、学生的三方会谈中找到了原因。原来，这个孩子一直和爷爷、奶奶一起生活，家里对他十分宠爱、百依百顺。可是，爷爷突然生病了。父母便把他接了回来，家里的重心全部转移到了爷爷身上，对他的关注自然少了许多。孩子对于这些细小的变化特别敏感，这使他失去了安全感。孩子在家庭中不断吸收不安与焦虑，使他的情绪极不稳定，需要用各种行为吸引注意力。

面对这样的情况该怎么做？我在一次"爱与自由"的培训中找到了答案。培训中有这样几个关键词：共生、倾听、温和、坚定。

首先要与孩子在情绪上共生与共鸣。当老师和愤怒的学生能产生共鸣，那么师生之间便有了一个爱的链接，有了这样一把钥匙才能真正地走进学生的内心世界。

当然，共生的先决条件是倾听——允许孩子的情绪流淌出来，接纳和理解孩子的情绪，是对孩子的爱。简单地说，便是感同身受、换位思考。倾听就是全然地感受他。反思自己，如若倾听时，很难做到完全接纳他的所有情绪，这便失去了倾听的意义。后来，当我面对愤怒不已的学生时，我先调整好自己，明白倾听的意义不仅仅是为了了解事实，更是为了感受孩子此刻的情绪，更好地与他产生共鸣。

还有一个解决问题的关键点，面对不断挑战规则的孩子，我们要在规则中真正找到中正的力量，学会利用温和与坚定。温和是指语言上的温和，坚定是指行为上不容拒绝。我们要用温和的语言与坚定的行为来面对愤怒的孩子。面对愤怒的他时，我学会了搂一搂他，笑着对他说："等你平静下来我们再来解决问题。"

渐渐地，他的心锁打开了，他总是紧紧握着的小拳头松开了。我已经很少能看到那个愤怒的他了，即使他偶尔想要发脾气可是没过两秒钟就被自己逗笑了。在班里，他身边的小朋友渐渐多了起来，经常能听到他哈哈大笑的声音。他对我也越来越信赖，一下课便喜欢跑到我身边，然后乐呵呵地对着我笑；出去春游，他磨磨蹭蹭地在队伍后面不肯走，非要一个大拥抱才肯前进……我想，这是爱在我们师生之间筑起的信任的桥梁。

在学校这个温暖的大家庭里，在"以爱育爱"的教育理念下，我相信会有越来越多的孩子被爱温暖，被爱治愈。爱是一个老师的本能，爱是一剂治愈的良药，爱更是一把开启孩子心灵之门的钥匙。

校长心语：用爱建立安全感，代替紧张和恐惧；用爱建立信任和放松，代替压力和压抑；用爱的感觉带来生命的欢愉，代替灌输和僵硬；用爱的生活带来自我创造，代替强权和教条。教育是唤醒，教育是陪伴，教育是静待花开。

爱的回声：

刚开始的时候，我是有点害怕的，周围的小朋友、老师都不认识，我的作业也没有别的小朋友写得工整，老师提的问题我也不是全部都会……有好多好多让我困扰的问题！幸运的是，我的两位老师吉老师和徐老师，不断地鼓励我和不认识的小朋友玩，因此我结交了很多朋友，他们还告诉我写作业的方法，我的作业写得越来越工整。老师们每次都鼓励我，我觉得我越来越有信心！

——美茵校区一（5）班　丁家瑞

一年来，最让我欣慰的是两位老师对孩子们情感上的投入，她们那和风细雨般的教育方式，让孩子对学习充满了兴趣和期待！我不敢想象，刚开学时怯生生的小姑娘，上课时也能积极勇敢地举手回答问题了，甚至可以在"精彩两分钟"时大声地朗诵，每次见到老师时恨不得来个大大的拥抱。教育，专家们每每谈起来高深莫测，其实不及老师"用心"二字。有了这么好的老师用心对待孩子，作为家长，我们别无所求！

——美茵校区一（5）班　丁家瑞家长

我的"菜园子"

◎ 张晓茹

你们想象不出,这是一节多么有趣的课堂。在这里,我和孩子们一起经历了充满童真和童趣的"发现之旅"。在"发现之旅"中,我和孩子们变成了惺惺相惜的"玩伴",稚声嫩语中,每个孩子的眼中充满了求知的欲望。

提起"菜园子",最令人向往的恐怕是萧红笔下的"祖父家的那个"——那里有倭瓜想怎样爬就怎样爬的随意,有黄瓜想开花或是想结果都由自己说了算的任性,也有玉米想爬多高就爬多高的自由……那里有着属于童年的、最烂漫的时光;那里有着属于童趣的、朴实而又华美的乐章。

现在从小生活在都市里的人们,很难找到这样一方可以让思想和童趣恣意生长的净土。而我的课堂却在某时某刻,有幸成了让孩子们的思想与表达自由开花的地方。

今天的语文课讲古诗。我让孩子们把古诗美美地读了一遍之后,引导孩子们欣赏《村居》的插图,本意是让孩子们通过插图加深对诗的印象,没想到,几秒钟后,课堂走向了未知的"远方"。

"老师,两个小男孩,为什么一个背书包,一个没背呢?"

"一个把书包放回家了呗!"

我还没回过神,这个问题已经被新的问题取代了:"老师,他俩的发型真逗!"

"清朝的时候,小孩子的发型跟咱不一样。"我猝不及防,却已被孩子们充满童趣却又言之凿凿的话语戳中了笑点。

看到孩子们对这幅图如此感兴趣,我干脆放下书,让他们继续讨论。

"他背的书包怎么是那样的?"

"他的书包是妈妈做的。"

"对,是妈妈用布做的。我们现在的书包,那个时候还没有呢!"我补充道。

"为什么那个女孩没背书包呢?"

"她可能也把书包放到家了。"

这时,姚奕欣同学举手了:"清朝的时候,小女孩是不能上学的,所以,她没书包。"

一语惊四座!我不由得对这个小女生竖起了大拇指,为这个一年级女生宽广的知识面而惊叹!而同学们更是惊讶不平:想不通为什么竟然会有这样不公平的事,尤其是女孩子,气得小脸通红!

我及时做出引导:"难以理解,对吗?那么,今天晚上回去,想想办法来解决这个问题。明天,你来告诉我,这是为什么?"

第二天,语文课。

"找到答案了吗?谁给老师讲讲,为什么在清朝,小女孩不能上学?"十几双小手举起来了!

"那时候,女孩子一般不上学,而是学刺绣什么的。"

"有钱人家的姑娘可以学习,不过,不能上外面的学校,而是把先生请到家里。"

"一般人家的姑娘是不上学的,会干活就行。"

魏乐儿、胡佳妮、詹宜铭、马启尧……孩子们一个个补充下来,答案越来越完整。解决方式呢，也各不相同：问爸妈的，查电脑的，看书的……一人一个小标志的奖励，又怎能表达我内心的钦佩和欣慰？

又"耽误了"大半节课，却"误"有所值。只因为：孩子们会提出问题，会解决问题！

为自己的课堂能成为萧红笔下的那个自由生长又和谐美好的菜园子而继续努力吧！让孩子们的思维就像那棵黄瓜——想开花就开朵花，想结果就结果……

  校长心语：在这个自由的课堂里，张老师让每个孩子都发出自己的"声音"，引导孩子们经历自我导向学习，这种基于问题意识的学习是一个"静水深流"的过程。可以想见，这样的自主学习，也因充分的自我发现和相互发现，充满了独特的魅力。在这个自由的课堂里，是倾听与倾诉、接纳与信任的"双向"过程，孩子们乐意分享他们的想法，一旦孩子们愿意交流和分享，课堂里就多了许多欢乐……尽量给予孩子们这样的课堂，正是张老师表达爱的方式！

爱的回声：

大船长和小水手

张老师是大船长，
我们是小水手。
大船长为我们引航，
在知识的海洋里探寻宝藏。
我们的航程遥远而艰辛，

我们不怕风与浪。

大船长,

陪我们嬉笑,

陪我们歌唱,

陪伴我们成长。

大船长和小水手,

快乐远航,

寻找梦想。

——美茵校区一(7)班 齐昶睿

在每个到校的日子里,孩子懂得了守时;在课堂上,孩子懂得了倾听,产生了兴趣;在餐桌上,孩子懂得了对劳动的尊重;在学校的路队中,孩子明白了集体和纪律的意义;在操场上,孩子释放了天性,学会了分享快乐;在一次次的校园活动中,孩子既学会了展示自己,也明白了要为他人喝彩!学校教给孩子的这些,一定会让孩子受益终身!

——美茵校区一(7)班 张默霖家长

孩子，你慢慢来

◎ 谷晓飞

每个孩子都是一粒花的种子，只是每粒种子的花期不同。有的花一开始就会灿烂地绽放，有的花需要漫长的等待。不要看着别人的花儿怒放了，自己的那朵还没有动静就着急。请相信，是花就会有自己的花期。

上帝给我一个任务，叫我牵着一只蜗牛去散步。我不能走得太快，因为蜗牛已经尽力在爬了，每次总是挪那么一点点。我催它，我吼它，蜗牛用抱歉的眼光看着我，仿佛在说："人家已经尽了全力！"我拉它，我扯它，我甚至想踢它，蜗牛受了伤，它流着汗，喘着气，往前爬……真奇怪，为什么上帝要我牵着一只蜗牛去散步。"上帝啊！为什么？"天上一片安静。

哎！也许上帝去抓蜗牛了！好吧！松手吧！反正上帝不管了，我还管什么？任蜗牛往前爬，我在后面生闷气。咦？我闻到花香，原来这边有个花园。我感到微风来，原来夜里的风这么温柔。慢着！我听到鸟叫声，我听到虫鸣，我看到满天的星斗多亮丽。咦？以前怎么没有这些体会？我忽然想起来，莫非是我错了！原来上帝是叫蜗牛牵我去散步。

我们教育的对象中有很多就像这一只小蜗牛一样，我们想尽办法期待他们的进步，但结果往往令我们大失所望。为此，我们懊恼，我们失望。但是我们却忽略了学生的感受——他们也想进步。但每个孩子的资质不同，成长的时间也不一样。作为老师，我们一定要有足够的耐心等待他们的进步。

小峰就是这样"一只小蜗牛"，你瞧：上课铃声响半天了，他才慢悠悠地晃进教室；别的小朋友开始读书了，他的书还没有拿出来；别的孩子作业都写完了，他才写了几个字；放学了，小朋友们已经整理好书包、排好路队了，他的课桌上还狼藉一片……他学习比别人慢几拍，就连玩耍也比别人慢几拍。作为老师，看到他慢悠悠的样子，我着急，就催他"快点，快点"，但他瞪着一双大大的眼睛看着你，不知所措，依然慢慢地来。一度，我苦恼，失望，和他的爸爸妈妈沟通，他们说孩子在家也是这样，他们也常常着急上火，吼他，甚至打他，但收效甚微。

我静下心来想，莫非我们大人错了？总是害怕孩子跟不上节奏，但每个孩子都有自己的成长节奏。我们强制让孩子跟上我们的节奏，是不是揠苗助长呢？于是，我和家长沟通：我们先尊重孩子的"慢"，这是他生命成长中的一部分，让我们和孩子一起去体会，也许跟着孩子的步伐走，我们会发现奇妙的美好的事情。于是，我们没有催他，没有吼他，他慢慢地有了变化：上课时的注意力可以跟着老师走了，能按时进教室了……孩子有一点进步，我和他爸爸妈妈就及时鼓励他，孩子也逐渐感受到了进步的快乐，努力的劲头越来越大了。

龙应台在《孩子，你慢慢来》中有这样一段话："我，坐在斜阳浅照的石阶上，望着这个眼睛清亮的小孩子专心地做一件事；是的，我愿意等上一辈子的时间，让他从从容容地把这个蝴蝶结扎好，用他五岁的手指。孩子，你慢慢来，慢慢来。"

我愿意牵着这样一只虽然走得很慢却一直很努力的"蜗牛"去散步，陪着他看沿途的风景，欣赏他的每一个细小的进步，在春风化雨中感悟生命的瑰丽多彩，生活的五彩缤纷。

校长心语： 面对一张张不同的生命画卷，我们应该学会去理解孩子，去解读孩子，应该放慢脚步，陪着孩子慢慢地体味生活的滋味，去欣然享受孩子在成长过程中带给我们独特的美。给孩子一点时间，也给自己一点时间，相信成就的不只是孩子，还有我们自己。

爱的回声：

  一年时间里，我懂得了很多道理，老师教给我学习的方法，还教会我和同学发生矛盾时应该怎么去解决。每次我数学有一点进步，老师就给我发"数学小博士"鼓励我。

——美茵校区一（8）班 李子晨

  当老师告诉我孩子在学校脾气暴躁、摔东西还和同学打架时，我就蒙了，没有想到孩子会有这样过激的行为。那段时间，我迷茫、崩溃、无奈，觉得养孩子好难啊，我不停地跟老师沟通，买各种教育类的书来看，帮助孩子一起成长。在这里，我真的很感谢老师对孩子的负责和耐心，不断地和我沟通孩子的事情，真的是很用心，孩子的改变离不开老师辛勤的付出，孩子在这样一个充满爱的环境下成长，做家长的我很安心。

——美茵校区一（8）班 贾千城家长

认错，要主动一点儿

◎ 贾海霞

错误并不可怕，可怕的是缺乏面对错误的勇气。若老师能换位思考，主动承担责任，就能巧妙地化解家校矛盾。

周五，"读书分享会"在美茵报告厅举行，学校特意邀请西工区师训办贾丽静主任做分享。

整个会场的老师都在认真聆听。突然，我的电话响起，一看，是小明妈妈的，凭直觉，是没接到孩子。

"孩子去上乐团课了，请放心！"我忙回短信。

"叮咚"，手机收到一条短信，打开一看，我惊呆了。

手机收到的图片是小明妈妈发来的照片。照片中，小明的右脸红肿，大面积的红印，像是被谁狠狠地抽了耳光。

这么严重？我怎么一点儿都没发现？小明个子比较矮，路队站的比较靠前，可我怎么没有注意到他？这孩子平时也比较内向，可也不至于受伤成这样还不敢和老师说吧？现在怎么办？

我抬头望望四周，校长和学校老师都在，我不好中途离开，但此时孩子的情况又特别严重，家长的情绪肯定也很激动，如果老师不做出一些回应的话，可能会导致情况更恶劣。

"不好意思,今天下午有例会,刚才站队送孩子时确实有些心急,没有关注到孩子受伤了,是我工作的失职!您先赶紧带孩子去看看,例会结束后我马上赶过去,对不起!"

　　信息发过去好久都没有回信息,我也心烦意乱,不知道孩子的情况怎么样,同样是妈妈,如果我看到孩子这样,也会在心疼孩子的同时去抱怨老师没有及时通知家长吧!

　　将近六点,学习结束,我一边下楼,一边掏出电话给小明妈妈打电话。

　　电话响了三遍都没人接,我心里慌得不行,赶紧找到雷老师说明情况,她也很着急,不停地打电话,但始终没有打通,我们只好回家,说只要有情况就及时通知对方。

　　一路上,我脚蹬着车子,脑子一会儿也没闲着,猜想他们现在已经到医院了,家长或许是没有听到电话,或许是忙碌顾不着接电话,或许是埋怨老师不想接电话……看来,孩子的情况确实很糟,是谁打了他一巴掌,还是摔在地上蹭的?对,得向他的好朋友了解一下情况,我脑子里飞速地掠过一个个小身影。

　　到家后,我再次拨了小明妈妈的电话,还好这次通了。

　　"您好,小明妈妈,孩子现在怎么样了?"

　　"正在处理呢!"他妈妈冷冷地说。

　　是啊,换做谁还没一点儿情绪呢!

　　"您在哪个医院?我现在赶过去!"

　　"不用了!马上就好了!"他妈妈依旧很平淡。

　　"对不起,是我的疏忽,由于我没有及时关注到孩子受伤,可能错失了最宝贵的时间,请您原谅!我一定会把事情查清楚的,请原谅我的失职!"

　　我特别真诚地向家长认错,这在年轻的时候我是不愿意去做的,而现在已为人母的我随着年龄的增长,更愿意换位思考。

　　"不用,不用,贾老师,其实也没什么大事,就是看到孩子伤成这样,的确很气愤……"

这时，小明妈妈的语气缓和了许多，和我具体谈起了孩子的情况，并告诉我，他们准备离开医院，让我不要再去了。

因为有了真诚的道歉，让家长感受到我们的真心，理解我们的工作，所以让僵硬的关系有所缓和。

接下来，我通过小明的几个好朋友了解了事情的真相：是小林和小明在跑着玩儿时，小明摔倒了，小林没有及时停下，一脚踩在小明脸上了。于是我赶紧联系小林的妈妈说明了事情的原委，他妈妈表示要带孩子登门道歉，并当即给小明妈妈打电话。

就这样，棘手的问题得到了解决，我们主动认识自己的错误，将心比心，以诚换诚，就会收获不一样的结果。

校长心语：小学生年龄小，自我防护能力差，校园伤害事件偶有发生。老师在面对此类问题时，积极主动沟通，做好家校工作，巧妙化解了矛盾，"认错，主动一点儿"，不只是说学生，作为老师更应该以身作则，主动承担责任，方能赢得家长的理解与信任。

爱的回声：

自从加入到一(9)班这个大家庭，我觉得非常开心。从刚开学时的不自信，到成为小班长，再到第一批加入少先队员和成为一(9)班的"精彩学生"站在讲台上演讲。感谢我亲爱的老师，是您精心培育了我，感谢同学们一年来的陪伴还有各位家长阿姨、叔叔们的呵护和关爱，能让我在一个充满爱的大家庭里健康、幸福地成长！

——美茵校区一(9)班　张智

学会示弱，教会孩子去爱

◎ 雷腊腊

他叫翔翔，是个让我极为头疼的小男孩，办公室的老师跟他开玩笑说，如果插上翅膀他就能飞，他说即使飞也要带老师一起飞。这真是一个让人哭笑不得的孩子。

从幼儿园升入小学，他似乎还不知道什么是规则，上课了不知道进教室，稍有点不满意就在教室里大打出手或者号啕大哭，丝毫不顾忌这是上课时间。很长一段时间，我和贾老师都因为他而精神紧张，一旦遇上他情绪爆发，一个人继续上课，一个人把他带出教室进行安抚。为了有好的教育效果，我们分析了各方面原因并及时和他妈妈沟通，寻找解决方法。考虑到孩子刚入学还不适应，在学校待一天情绪无法得到发泄，建议他妈妈把孩子带走午休，下午再送来，并且利用这段亲子共处的时间，多和孩子聊聊天并多鼓励孩子，缓解孩子的心理压力。

压力得到释放，翔翔课上情绪爆发的次数明显减少了。有一次，因为别人无意碰倒了他的东西，在别人已经道歉的前提下，他依然大吵大闹。看着他不依不饶的样子，我有些无语，因为此刻任何批评的话对他来说都应该是无效的。我突然觉得肚子疼了起来，便捂着肚子对他说："你把老师的肚子都气疼了，怎么办？你帮我揉一揉，我就原谅你。"他伸出小手认真地帮我揉着肚子，小脸红扑扑的，一边揉还一边关切地问："还疼不疼？"瞬间，我心里有些感动，顺势问他："老师好喜欢现在的你，你说怎样做才是对老师好呀？""上课遵守纪律，不让老师生气。"他低下头说。我趁热打铁给他讲了如何做一名合格的小学生，并且约定，如果他哪天很好地控制了自己的情绪就来告诉老师，会有小奖励。从那以后，有时课间他会喜滋滋地跑到我办公室告诉我某某同学碰到他了，但他没有生气。他已经懂得适当地控制自己的情绪了。

翔翔因为调皮，我刻意把他吃饭的位置安排在我旁边。因为怀孕，所以每天上午上完课，把孩子们带到餐厅坐在位置上我都会觉得好累，这时便拉过仍然活跃的翔翔，把头靠在他的肩上，对他说："别动，让老师靠一靠，休息一下。"他顿时变得很安静，坐在那儿一动不动，似乎唯恐自己变换了姿势就惊扰了老师的小憩。我也闭着眼睛享受着这片刻美妙的幸福。这似乎成了一种默契。有时候会看到他趴在桌子上偷偷地看我，我冲他会心一笑，也许此刻在他心里他和老师的关系是无比亲密的吧。

有天中午吃完饭，他跟其他孩子说，他长大要和雷老师结婚，其他孩子都笑他说：等你长大了，雷老师都变成老太婆了。他一脸认真地说："我不在乎！"旁边的贾老师逗他说新郎抱不动新娘怎么办？他说："没关系，我让一（9）班的同学们和我一起抱。"听到这些童言稚语，我心里有些感动，感动孩子的天真。

爱孩子不如教会孩子去爱，教育的过程就是孩子和我们共同承担、共同成长的过程。在孩子面前适当示弱，就是适当地给他们成长的机会。教育专家兰海教授曾说过，当孩子面对一个无所不能的人的时候，他只有两个选择：一个是学习这个无所不能的人，追求完美，不能容忍自己的缺点；另一个选择就是什么都不做，因为这个人什么都能做！我想：如果能够在孩子面前有那么一点不完美，有那么一点软弱，孩子就会变得宽容，变得坚强，成为一个有责任感的人！让孩子体会自己比成年人还要强大，能够帮助他们建立自信并激发潜能。这不正是我们所追求的吗？那我们为什么不能适当地示弱呢？

校长心语：教育没有情感就如同池塘没有水一样。没有水，就不能称为池塘；没有情感、没有爱，就没有教育。教育的目的不应该仅仅让学生掌握必要的知识和技能，更应该发展那些人之为人的情感——让学生学会爱，具备爱的情怀和能力，让孩子在爱的教育下学会关爱，学会付出。

爱的回声：

一(9)班是一个充满爱的大家庭，这里有两位兢兢业业、勤勤恳恳的园丁悉心雕琢，有万能的爸妈全力配合，孩子们在爱的环境中茁壮成长。三月的植树活动、四月的"小书包"活动、五月的戏剧表演……一次次集体活动在老师和家长的全力配合下，一(9)班书写了一个又一个的精彩。作为家长，我们快乐着、努力着、成长着。

——美茵校区一(9)班　秦子涵家长

逞强还是示弱

◎ 段武杰

悦悦同学的作业拖欠问题让我陷入了思考：孩子们乐于接受别人的夸奖，当有人指出不足时，却如临大敌，这样的问题该怎么办？

昨天下午放学时，我留下了悦悦同学，她的作业本还没交呢，这次无论如何也得让她补上再走。可谁知等我送完学生回来的时候，发现她的位置早已空空如也。我急忙询问了在教室值日的学生，原来她被家长接走了。我心想："悄悄撤退是吧，明天早上看你怎么交上作业。"

今天一大早，我进到教室便看到她无比灿烂的笑容，我的心头一动，要不要找她"算账"？转念一想：不能心太软，得教训一下她。我冲她点下头，让她马上拿作业来检查。她转身向座位走去，开始在书包里一阵翻腾。

以前她都是这样，趁我组织大家整理东西，做课前准备之时蒙混过关。记得昨天我问的时候，她一口咬定交了，结果在那儿一摞作业本里翻了两遍，连影儿都没找到，今天又故技重演，哼！看你装到何时？我不动声色地在一旁看她表演。

谁知，这回她真完成了作业，我大大地吃了一惊，尴尬地冲她笑了笑，她依然回以天真无邪的灿烂笑脸。这回该怎么办？是强硬到底，还是……

我想起前不久读书时看到的一个方法——让孩子自己说说每天做得不足

的地方，孩子会容易接受、改正。我联想到最近这段时间班里的确有些孩子只愿意听大家的表扬，而不愿听一句不是，甚至个别孩子一旦有人指出其不足，立刻反驳对方，找出对方一大堆的不足。看来今天，自己非常有必要为大家树立榜样——向悦悦认错。

　　于是，我站在讲台上，面对着全班53名学生说："今天，老师做错了一件事，我冤枉了一名学生，她的作业完成得很认真，而我认为她根本没完成。我要向她道歉。"说完，我请悦悦站起来，向她深鞠一躬，并诚恳地说了一声："对不起！"悦悦显得有些拘谨，不好意思地说了声："没关系。"不用看，我都知道大家一定张大了嘴巴，这怎么可能？她可是班里作业拖欠最多的，老师怎么能冤枉她呢？更吃惊的是，老师居然当着全班同学的面向她道歉！

　　重新走上讲台，将她的作业展示后，我羞愧地对大家说："老师真的也会犯错，你们看，她的作业不仅字迹工整，而且全部正确。"望着大家难以置信的神情，我又说："老师不仅发现她作业完成得好，而且在课堂上的听讲更专注，你们瞧她坐得多端正，眼睛还始终盯着老师呢！"当五十多人的目光齐刷刷地转向她时，这个以前并不受人注意的孩子，脸上露出了一丝自豪，腰板挺得更直了，眼睛更亮了。

　　班长带头鼓起了掌："其实，老师看到的只是一点，相信大家在交往中一定也发现了悦悦的许多闪光点，谁的眼睛最亮，谁就先来夸夸悦悦吧！"

　　"老师，我发现她当安全小班长很负责，谁不注意安全就及时劝告！"

　　"她很关心同学，上回小轩摔倒了，是她扶着回教室的！"

　　"还有呢，她很大方，上次我忘带铅笔了，她把笔借给我用！"

　　…………

　　学生每一次的发言都博得一阵热烈的掌声，也让悦悦的头昂得更高，后来，她竟站起身对夸奖她的每个孩子鞠躬、道谢，孩子们的手举得更高了。

　　听着大家赞美的话语和充满鼓励的掌声，望着大家热情洋溢的笑脸，我激动地说:"谢谢大家的提醒,让我更加全面地认识了悦悦同学,老师要宣布她是今天最耀眼的星,老师还要邀请她上台一起合影呢!"

当镜头定格在悦悦那张洋溢着幸福的笑脸上时,我也笑了。

悦悦重新找到了自信,学习上更努力了,积极发言了,期中数学过关测试满分通过,语文也得了优秀。学习上的进步,使她充满信心,更积极参与其他各项活动——戏剧节、六一节表演,舞台上的她,就像一只骄傲的孔雀!

我的示弱,让孩子们看到不管是谁都会有做得不对的地方。重要的是当我们做错的时候,应该用什么样的态度去面对曾经的错误。当看到每周二"德育十分钟"活动,孩子们一个个踊跃发言,大胆地指出自己在学习、生活方面的不足,并对自己本周提出希望时,我知道,他们的内心更强大了。因为他们学会了发现别人的优点,懂得欣赏别人才能赢得尊重、友谊。

他们的强大,又怎能不让我快乐呢?

校长心语:教师通过充分挖掘教育资源,寻找最佳的教育方法,灵活捕捉教育契机,利用教师自身的榜样示范作用,引领孩子们健康、快乐成长。

爱的回声:

段老师为了提高我的作文水平,鼓励我多读书,积累好词、好句,在写话课上不厌其烦地讲述看图写话的步骤、重点。他还带领我们去郊外踏青,学校的"风筝节""春主题"研究,都让我有了可写的话题。数学雷老师,教学方法新颖。美术郭老师,和蔼可亲!我已由一个无知的孩子成长为一个讲礼貌、爱学习的好学生了!

——美茵校区一(10)班 张智翼

回想孩子上学前,我是那么忧心忡忡。他上课注意力不集中,老师们便从他能够集中注意力超过一分钟开始表扬他。逐渐地,孩子能够在课堂上专心听讲,积极回答问题了,他充分感受到被欣赏的快乐。

在接下来的学习生活中,李世浩每天回家和我分享最多的事情:老师表扬我的字写得有进步了,老师奖励我一只小蜗牛,我摔倒了老师给我擦碘酒……太多的点点滴滴,使我的孩子从一个顽童逐渐成了一个自信、努力向上的学生。

——美茵校区一(10)班　李世浩家长

那一张灿烂的笑脸

◎ 侯百倩

小文，一张毫无表情的小脸，一双不正眼看你的眼睛，走进孩子内心，让她融入班集体是我义不容辞的责任。

下课了，我在讲台边批改作业，有几个小朋友围着看。我对其中一个同学说："帮我叫一下小文过来纠正练习册上的错误。"很快，小文来到了我身边，我指着练习册上的错误，对她开玩笑地说："这道题的标点符号哪里去了？被你吃掉了吗？"她朝我看了看，竟笑着说："老师，标点符号又不好吃。""哦？"我忍不住笑了，"那它去哪儿了？"她也笑了，一脸灿烂地说："老师，它长腿跑掉了。""是吗？跑掉了，赶快去把它抓回来。"我把练习册递给了她。"好的！"她点点头，风一样地跑下了讲台。

一会儿，练习册又到了我手里，标点符号加上去了。我笑着对她说："小文，标点符号你可得看紧了，以后可别让它长腿跑了。"她笑了，站在边上的小朋友也笑了。望着她的笑脸，我思绪开始飞扬。刚认识小文的时候，她让我感到吃惊，六七岁的孩子，小小年纪，却一脸的冷漠。上课的时候，要么只顾自己做小动作，要么就是没有表情地看着你，也不举手发言；下课了，经常一个人玩儿；作业错了，你让她纠错，她低着头，慢慢吞吞地走上来；你和她说话的时候，眼光也不看你，对着本子，毫无表情。我私下嘀咕：这孩子，几乎没看到过她的笑容，她也不会主动与老师、同学交流，这与她的年龄不相符啊，这就是她带给我的最初印象。

"以爱育爱，爱育精彩"是我们学校的教育理念，教育是爱，爱是教育的灵魂，没有爱就没有教育。作为一个老师，不能让每一个孩子脱离我们可爱的班集体，如果没让她感受到学校学习生活的快乐，那么我的心里会对她有一种愧疚感。我相信，爱心能够滋润她美丽的心灵之花，于是，我试着走近她。小文穿件新衣服，我由衷地夸她衣服漂亮；她的头发有点乱了，我找把梳子给她梳个漂亮的发型；偶尔没吃早饭，我帮她买来早餐；上课的时候，发现她做小动作了，我提个很简单的问题问她，她回答出来了，我会笑着向她竖起大拇指："真棒！"她的注意力又集中了；偶尔下课的时候，我会叫："小文，帮我拿一下本子，好吗？""小文，帮我擦一下黑板。"事后，我总是对着她笑笑，真诚地说一声"谢谢"，可她只是低着头走开。

就这样，一天天过去了，她终于对我笑了。那一天，同学们排着整齐的队伍去做课间操，我又随口叫道："小文，帮我把教室的门关上。""好的。""小文，谢谢你。""不用谢。"她冲着我一笑，跑了出去。望着她的笑脸，我也有一种莫名的兴奋。

现如今，我经常能看见这张灿烂的笑脸，看着她，我的心里也是一片灿烂！

校长心语：教育的最高境界就是"润物细无声"。爱育精彩，"爱"是融化一切冰冻的春风，老师对学生的爱渗透到日常平凡的小事中，营造充满爱的教育氛围，并努力培育精彩学生。

爱的回声：

背着小书包，这会儿呀它是我最好的朋友。

老师给我们说的总是很有趣，
小蝌蚪、大熊猫、丑小鸭……
我和同学们像小鸟一样，
在学校这棵大树上热热闹闹地"开会"，
把快乐的事互相分享。
学校是我的家园，
我是家园的小花朵。
也许小蚂蚁和小蝴蝶也和我一样快乐，
我是一个快乐的小学生。

——美茵校区一（11）班　王小汐

感恩侯老师的辛勤付出，是您的不辞劳苦和精心培育让宝贝阳光、快乐地成长。多少次耐心的叮咛，多少次慈爱的鼓励，是您用师者之心和慈爱之情构建起了沟通的桥梁；是您用智慧和辛勤哺育孩子的精神世界。谢谢您，尊敬的老师！

——美茵校区一（11）班　王紫璇家长

初雪的孩子

◎ 张 艺

有人偏爱追求光明的向日葵，也有人钟情于芬芳的红玫瑰。而我，却最喜欢绽放于大地和天空之间的雪花。可是，后来我发现，再美的雪花，也不及孩子们的笑靥如花。

一

昨夜，洛阳初雪。

刚开始，是淅淅沥沥的寒冬小雨；接着，小冰豆子密密匝匝、噼噼啪啪；不一会儿，便是鹅毛大雪从天而降，你越激动，那雪花飘得越优雅。我当时走在路上，忍不住收了伞，任凭雪花亲密接触。走到路灯下，黑底黄光，看华灯之下，风卷落英，恍然隔世。真是最爱此景。

我想，明天一定要带孩子们去看雪。

二

一大早，我便在微信群里看到生活阿姨、后勤师傅打扫道路的情景，感到温暖而失落；看到群里提醒的雪天安全注意事项，更为孩子担忧。一场大雪，几家欢喜几家忧！

我课间看微信："第一场雪来啦！作为老师，你可曾想起我们小时候下雪的场景：打雪仗、堆雪人、溜冰……让这雪也给孩子成长的路上留下欢声笑语。玩是第一，但别忘记安全和教育契机！"校长发的信息？是校长发的信息，连带头像，我仔细看了两遍，心中不免一动。

三

我突然就想起高中，当时上高二，那年出现了据说五十年一遇的日全食，也可能是日偏食，记不清了。记得清的是，当时在上最后一节自习课，几乎所有班级的孩子都跑出去看。但是我班班主任不允许，我们只能听着楼道里"咚咚咚咚"的脚步声。不知其他人咋想的，反正我心里痒痒得很，只好安慰自己，学习很重要，成绩很重要。后来听别人说，那日食怎么个神奇，我表面若无其事，其实内心羡慕不已。

四

上午第四节课讲生字。我说，写得快的同学，写完可以去玩雪。孩子们一阵欢呼。说完，我发觉自己真自私，难道写得慢的孩子就没有权利去玩雪？

也许是内心所动，这节课生字讲解，我竟不自觉地加快了速度。该写生字作业时，我突然犹豫起来。要不要继续下去？可现在不写何时写？唉，我的孩子们，你们可知我内心的矛盾。

我一想到，终有一天，你们也将长大成人，也能够对教育品头论足，也能够客观地说着"老张"的是是非非，我就为自己今天的所作所为考虑再三。我希望我今天的每一个决定都能成为你们今后美好的回忆，而非成年后对教育的"指摘"，更不想你们留下我学生时代的遗憾。

于是，我兴奋地问："你们觉得今天的天气适合干什么呢？"

"打雪仗！"五十五个人异口同声。

"那么，孩子们，收好书，咱们一起打雪仗去！"

我头也不回地边说边走出教室，那感觉就像一马当先的将军！

一开始，教室里极其安静，估计他们个个正愣神儿呢。然后就是"呀""啊""哇"！震耳欲聋！

五

雪地里打滚儿的，默默堆雪人儿的，也有捧个雪球尝味道的。一群人打雪仗，然而他们明显不会玩，所有人都把我当成"目标"来打。

可是，那又怎样？来到学校里，首先要感受到快乐和幸福。谁也不愿听到有一天自己的孩子说："妈，我不想去上学。"再美的雪花，也比不上孩子们的笑靥如花。

六

我从未看到过孩子们这么开心地笑，激动地笑，放肆地笑！这种笑，我给不了，课本、课堂给不了，父母给不了，一场雪也给不了。这种笑，必须是某天外面下着大雪，积雪很深，操场上没什么人，在一个互相认识的班级里，老师突然中断了讲课，领着学生跑出来疯玩时，才能发出的笑。

我发了微信朋友圈。南方的同学和老师们还在艳阳高照下，北方的我们却已在大雪纷飞里。

七

以前的同学看了说，好任性哟！外地的同行看了说，如果是我们学校，早被校长喊去训话了。我的初中老师看了说，我都是偷偷带着孩子们出去玩的。我跟校长说这事儿，校长说："你告诉他，在我们学校，校长让我们这样带孩子玩呢！"

校长心语：最美的雪花，不及孩子们的笑靥如花！这群孩子是幸运的，遇见了你！你是幸运的，遇见了学校！教育没有诀窍，无非是以真心换真心！祝贺你张老师，感受到了教育的第一法宝，那就是"爱"！

爱的回声：

这一年，我过得很快乐。老师们对我很好，让我更爱学习。我和同学们相处得也很愉快，大家很相信我，让我当班长。可以为同学和老师服务，我觉得很开心。我还戴上了红领巾，成为一名光荣的少先队员，我觉得很骄傲。一(1)班，就像我的另一个家。

——凝碧校区一(1)班　梁辰

小时候，我也是最喜欢下雪的天气。可是，老师们往往把我们关在教室。看到孩子能在雪天出去玩耍，我非常开心。真心感谢学校和老师在孩子的学习中增加趣味教育，让他们更加热爱学习、热爱生活。

——凝碧校区一(1)班　高子涵家长

孩子，老师陪着你

◎ 金杏芳

5月30日，对于凝碧校区一年级的学生来说，无疑是他们人生旅途中难忘的一站，因为在今天有162名学生光荣地加入了中国少年先锋队。

吃过早饭，我们班的27名准少先队员已在教室整装待发，准备参加少先队员入队仪式。孩子们看到我，兴奋地围着我叽叽喳喳："老师！爸爸妈妈听说后要亲自给我戴红领巾，早都在下面等着了！""好吧，我们准备排队下楼。"出于习惯，我回头看了一眼教室，突然发现小王同学闷闷不乐地趴在座位上，一动不动。"你怎么啦？看起来这么不高兴，有什么事吗？"小王摇了摇头。"那赶快走吧，要不等会儿跟不上了！"带领孩子们来到楼下站好队，又引领家长站在自己孩子身边，孩子们甭提有多自豪了。我突然发现刚才闷闷不乐的小王是一个人站在那儿，身旁没有家长。"你家长去哪儿了？"我俯下身子问小王。小王怯怯地说："老师，我跟爸妈说今天要来参加入队仪式，他们没来。"说完，孩子失落地低下了头。当听到孩子说家长没来时，我有点失望。看着孩子失落、无助的表情，我的心一下子被"扎"到了。"可能你父母今天真的有事，没办法来。没关系孩子，老师陪着你，我来给你戴红领巾，你依然可以光荣地入少先队。放心吧！"我轻轻地拍着小王的肩膀，站在了他的身旁。随着音乐声的响起，我跟小王一块儿步入指定位置，郑重地给小王戴上了红领巾。

虽然我代替小王的家长完成了这个环节，但从孩子的表情看他还是很失落、难过的。出于教师的职业敏感，我悄悄拿出手机把孩子的表情和当时的场面拍了下来。

因为心疼孩子，我想，是时候找小王的家长聊一聊了。因为他的父母平时好像从来不关注孩子在学校的表现，家长会没参加过一次，接送孩子全都是由午托班老师替代。于是，我把这段视频发给小王的妈妈，并真诚地和她进行交流，谈到入少先队仪式在孩子们心中的神圣，谈到父母在孩子心目中无可替代的分量，谈到学校、家庭经常沟通的重要作用……不知不觉，一个多小时过去了。

看到孩子失落的眼神，又经过这次心与心的交流，我相信小王妈妈是真的受到了触动。从那以后，班级群里有了小王妈妈活跃的身影，学校开展的各项活动，她都积极参与，而且经常主动和我私信沟通，询问小王的情况。

孩子的成长离不开学校的教育，更离不开家长的陪伴。作为一名一年级的班主任，我想，在日常的生活、学习中给予学生充分的陪伴、智慧的引领固然重要，但更重要的是应该关注孩子们的内心感受，站在孩子的角度思考问题，并且抓住每一个契机，引领家长和学校一起形成教育合力，共同为孩子的成长保驾护航。

校长心语：教育不仅是用书本的知识来教育学生，更是教育者用自己对人生的体验，用自己对事理的洞见，用自己活跃的灵魂和孩子、家长沟通。只有真正读懂孩子们的心灵，才能把爱洒进孩子的心田。爱孩子是一门艺术，不仅需要爱的情感，更需要教师具备爱的能力、爱的智慧。

爱的回声：

  我家晨曦性格内向、孤僻，到了该入小学的年龄，我的压力别提有多大了，这个适应期不知道会有多长。令我没想到的是，老师听完我的倾诉，竟然反过来安慰我，告诉我：没关系，慢慢来，咱们一块儿努力，孩子会很快融入集体的。当我听说老师亲手喂晨曦吃药，当我听说每天晨曦不情愿地走进教室，老师却总是亲昵地和她打招呼时，我相信了老师说的话。现在的晨曦性格逐渐开朗，早上不再哭闹，最令我惊喜的是，在"精彩两分钟"活动中，她敢于大胆上台展示了。感谢老师的陪伴与关爱。

——凝碧校区一（2）班　李晨曦家长

爱与陪伴的力量

◎ 邢晓川

相较于西方人的直白，我们似乎内敛得多，在语言和行动之间，也更倾向于后者。我们很少说"我想你""我爱你""我喜欢你"等，即使内心的感情确乎如此。但我，自认在教育教学中能始终保持理智的我，在过去的一年时间里，却几乎每天都在重复这些直白的"告白"。

曦曦，7岁的小姑娘，单亲，羞涩内敛。入学第一天她躲在妈妈身后不敢进班，课间不敢和其他小朋友交流玩耍，给你的回应只有点头、摇头……她妈妈和我聊起孩子种种的时候忍不住红了眼、掉了泪，而我也酸了鼻，从此，就对她上了心、动了情。

每天踏进班级看见她，第一件事就是拥抱，摸摸她的头发，告诉她："曦曦今天真好看，老师可喜欢你了。""曦曦想老师了吗？老师都想你了。""曦曦笑一下吧，老师特别喜欢。"而在平时，只要看见她，我就会想尽招数来跟她亲近，比如："老师上课好累呀，曦曦给个抱抱吧。""老师奖励你一颗糖，帮我拿下水杯吧。"渐渐地，这个孩子对我的信任与依赖与日俱增，她会主动跑向我又调皮地跑开，她也会在走路时拉着我的手，她还会小脸皱巴巴地拿着药找到我，不情愿地吃下，又在看到我拿出大白兔奶糖时眼睛笑成了月牙……那段时间，同事们都说："邢老师，你最近说话都换风格了，很甜、很柔。"而对我而言，就是迅速让自己进入"妈妈"这个角色，带着爱去陪伴、去等待！

随着时间的推移，她有了自己的小伙伴，有了大声说话的勇气，有了敢于表现的自信，也有了自己的兴趣爱好！在我开设了简笔画社团后，她就成了社团的"特殊成员"。因为涉及社团间的人员平衡，她在这学期没能转入我的社团，但她的坚持还是令我惊讶。她会在每次社团结束后找到我了解、学习当期的教学内容，然后在家里反复绘画，准备出最满意的作品再交给我。当期末我把她的作品整理成册交到她手里时，她眼里的光那么亮，有骄傲、有自豪，也有希望！

一年的时间匆匆而过，她的身上已经找不到那个曾经羞涩到一言不发的小姑娘的影子，她在爱与陪伴中悄悄地开了花，不信，你低头嗅，有暗香自来！

  校长心语：用言语去温暖，用行动去鼓励，用爱去包容等待，每一朵花都会开，每一次花开都需要用心灌溉。静待花开，这个过程是漫长的、苦涩的，但也是温馨甜蜜、充满希望的。我们的每一个眼神、每一个动作都有可能收到意想不到的回应，正是这些回应，值得我们坚持，而坚持的终点，必有花香。

爱的回声：

  邢老师，她就像我妈妈，总是喜欢抱我，经常说喜欢我，还老问我喜不喜欢她，我很喜欢听她这样说，其实，我也很喜欢她，但我不告诉她，怕她骄傲。邢老师的简笔画很棒，她在黑板上三两下就能画出很漂亮的小动物，我喜欢这些，我一定要跟她学，我坚持了一个学期，最后邢老师送给我一个很漂亮的画册，里面都是我的作品，我开心极了，我真想亲亲她！

——凝碧校区一（2）班　李晨曦

用智慧和爱静候花开

◎ 李文燕

"感人心者，莫先乎情。"爱，是教师职业道德的核心。作为教师，要做好本职工作，首先要做到爱学生。而教师对孩子的爱又不同于父母那种血浓于水的亲情，而是要处处闪烁着智慧的光彩。我们应当抓住每一个教育契机，用引领和耐心使孩子们健康、快乐地成长，每一天都成为更优秀的自己。

4月份的戏剧节，在《龟兔赛跑》的舞台上，小乌龟不急不躁，兔子灵活、骄傲，花仙子的翩然起舞，小鹿的热情开朗，大树的稳定可靠……你是否对那只可爱伶俐的小猴子裁判长印象特别深刻？他时而抓耳挠腮，时而嬉笑滑稽，两只忽闪忽闪的仿佛会说话的大眼睛，顾盼之间古灵精怪，逗得台下观众乐不可支，前仰后合，不由得献出阵阵热烈的掌声。

看他在台上风采卓越，惹人喜爱，可是你不知道，这个小可爱还有一个绰号，在班级里，大家公认他是最让人无可奈何的"小淘气"。

每次提起这个"小淘气"，任课老师都会摇摇头，忍不住说他几句。课堂上，只要老师一眼没盯住，他就从自己的座位上消失了，不是趴在了地上，发出各种或高或低、极不协调的怪叫声，惹得学生偷偷笑；就是已经出现在了讲台上，拉着你的手说急着上厕所，已经没办法忍下去；或者是趴在课桌上，拿着文具玩着只有自己才能懂得的"大战"游戏……

为了他，我想了许多办法，甚至看了不少教育学、心理学方面的案例，逐渐明白了这样的一个孩子，其实只是时刻都在寻求存在感，时刻都在寻求教师关注而已。可是，不管我和任课老师怎样鼓励，怎样细致地关爱，淘气的他淘气依旧。

　　直到"戏剧进课堂"活动的开展，经过我的慎重考虑，同学们的投票，这个"小淘气"得到了扮演"小猴子裁判长"的机会。这次活动充分展示了他自己，并且得到了大家的关注。

　　在排练中，随着排练进度的加快，他的表演总是比别的小演员更快地达到预期效果，甚至还有许多天赋性的超越。我和同学们惊讶地发现，"小淘气"变了：他上课的时候，基本上能遵守纪律了，离开自己座位的次数越来越少；下课后和同学也能友好相处了，用他自己的话说，自己是裁判长，怎么能欺负别的小"动物"们。其实，我更愿意相信，是他懂得了要赢得大家的信任，只有遵守纪律之后，自己才可以自由展示，才能够收获大家的正面关注。

　　是那种追求优秀的内驱力，让他学会了控制自己。

　　作为教师，我们永远不知道，哪一刻、哪一个行为可以引起孩子的突然转变。但是，只要用恒心、耐心、细心、智慧和爱去关注孩子，发现孩子的长处，给予他们时间和空间，提供适宜他们成长的"沃土"，勤"浇水"，常"施肥"，慢"剪枝"，静候花开，每个孩子都能生长为独一无二的自己，成为更优秀的自己。

　　校长心语：一个孩子的转变，只是教师日常工作的一个片段。在这个故事里，我们看到了教师对"小淘气"耐心细致的关怀，发现教育契机的敏感，充满教育智慧的策略……这种种行为，都来自教师对教育事业、对孩子发自内心深处的热爱。和孩子共同成长，且思且行且快乐。

爱的回声：

　　我很喜欢现在的学校，学校组织了很多好玩的活动，我猜过灯谜、放过风筝、学会了下围棋、表演了戏剧，我真开心！我跟班里的小朋友一起学习、一起玩耍，每天都快快乐乐的。还有，我很喜欢我的班主任和其他老师，她们都很爱我哦！

——凝碧校区一（3）班　汤一萍

　　孩子学会独立适应新环境，体会到了集体荣誉感，懂得遵守学校的各项规章制度，理解学习的重要性，积极参加学校组织的活动并取得良好的成绩。

　　看到孩子的点滴成长，作为家长我无比欣慰，希望孩子在今后的学习道路中，不仅勤奋刻苦学习，更要学会善解人意，提高抗挫折能力。

——凝碧校区一（3）班　任萱竹家长

在爱心中孕育成长

◎ 王彩霞

对待学生的错误,宽容而不纵容,理解而不苛责,它激起的往往是学生内心对老师的认同感和信任感。

在开学初的班会上,我告诉孩子们:"播种一个信念,收获一个习惯;播种一个性格,收获一个命运。要知道一分耕耘,一分收获。我期待着你们的付出和行动,不抛弃,不放弃,不靠运气,通过奋斗最终改变自己的命运。"

班会上,同学们都制定了自己的奋斗目标,有的要考上名校,有的要为自己的理想努力。有近期目标,也有远大梦想。最让我欣慰的是几个曾经调皮捣蛋的孩子,他们居然申请当班干部。小桢,虽然学习较优秀,但以前较任性、贪玩、自私、纪律差,是个让老师和班干部都头疼的学生,能有如此大的改变,令我吃惊。惊讶之余,我毅然决定,给他这个机会。他愿意当宿舍长,管宿舍纪律,我就放手让他去干,相信他能严格要求自己,公平对待他人。我要求其他班干部配合他工作,给予他支持。我经过两周的观察,发现小桢认真负责,得到全班同学的认可。后来,他又主动申请当数学课代表,脑瓜机灵的他干起工作来,有条不紊,如鱼得水。性格执拗的哲哲也主动要求当组长,并且取得了同学们的信任。

一度被大家认为顽劣的学生能有如此大的改变,让我想起一句话:"精诚所至，金石为开。"其实，作为一名班主任，和他们朝夕相处了两年，两年间的谆谆教导与循循善诱已逐渐渗透、浸润学生的心田，他们在不知不觉中向着老师希冀的方向努力。相信不久的将来，他们一定能创造出属于他们的未来。

宽容是人生的一个境界，也是教育工作者应有的胸怀。其实，错误更是人生的一大财富，犯错误是一个解决问题、积累经验的过程，在解决问题的过程中可能会出现很多错误，但同时也积累了很多宝贵的经验，获得了发展。所以，我们不应将错误视为"洪水猛兽"，要学会挖掘错误的价值，合理利用"错"资源，使错误成为学生成长的契机。

后来的一段时间，新提拔的两个班干部小桢、哲哲在纪律上都有一定的下滑，经常犯错误，与开学初的积极向上、严格自律有了明显差别，许多同学对他们都有意见。但我考虑到这两个孩子原来行为习惯就不够好，应该允许他们慢慢改变。犯错误是难免的，只要他们有上进心，从错误中吸取教训，坚持不断进步，就是在做最好的自己。为了引导他们不在错误中迷失自我，我得多下一番功夫。我带领他们参加航空模型比赛，让他们通过动手、动脑体会活动的乐趣与抗挫折的能力。我还记得当他们亲手制作好一架飞机模型时，是那么喜悦；当飞机翱翔在蓝天时，他们是那么开心；而当飞机偶尔出现问题跌落下来时，他们又是那么沮丧；在我的指导与帮助下，当飞机又一次飞上蓝天时，孩子们激动地手舞足蹈……如今，这两个调皮的孩子，又以积极健康的心态活跃在班级里，成为全班师生称赞的对象。

在孩子成长的世界里，错误就是船儿前行时激起的那一朵朵美丽的浪花，是鸟儿划过天宇时留下的那一道道优美的弧线，是生命的道路上孩子们踩出的那歪歪扭扭的足迹。

爱有多深，心就有多宽，梦就有多远！作为教师，我们应该关心每一位学生的成长，不管他在生活还是学习中遇到困难时，我们都应伸出援助之手，让他们感受到温暖。

　　校长心语：面对不断犯错误的学生，教育工作者在教育的过程中应该遵循自然的法则，用欣赏的目光期待，用宁静的心等待，因为犯错也是一种成长！让每一位学生在爱心中健康成长！

爱的回声：
　　那次，轮到我展示"精彩两分钟"，我激动地走上讲台，为同学们讲了一个小故事，然后走下讲台。从那以后，我觉得自己上台比以前大方多了，在王老师的鼓励下，现在我举手的次数也比以前多了。

　　　　　　　　　　　　　　　　——凝碧校区一（4）班　冀云哲

　　孩子从小就是一个名副其实的电视迷，看起电视来津津有味，可一拿起课外书总是无精打采。进入学校后，他开始迷恋上了读书。周末，他居然主动要求带他到书店买书看，要知道这在以前可从来没有过的。现在，每到晚上，我总会放下琐碎的家务活陪在孩子的身旁静静地看书，我们全家都很享受这一段亲子共读的美好时光。

　　　　　　　　　　　　　　　　——凝碧校区一（4）班　王晨宇家长

牵着你的手，慢慢走

◎ 赵亚芳

一年级老师的工作是琐碎的，事必躬亲。一路走来，我惊喜地发现孩子们已逐渐适应了小学生活，都有了很大进步，变得更懂事、更守规矩了。

一年前的一个个场景我至今仍历历在目：孩子们初入校的一段时间，我一天到晚都处于精神紧张的状态，唯恐有一点照顾不周而出差错；孩子们在校的所有行动都要在我的视线内，从排队上厕所、排座位、队列训练，到手把手教孩子们摆放物品、打饭、接热水、系鞋带……事无巨细，真有幼儿园老师的感觉。教一年级真是一次严峻的考验，需要老师耐心、再耐心！课堂上不厌其烦地告诉学生怎样做一名合格的小学生，什么时候该做什么，不厌其烦地鼓励孩子们的点滴进步，循序渐进地对他们提高要求，逐步培养他们良好的学习、生活习惯。

当多数孩子都渐渐适应了学校生活，班级工作开始步入正轨时，一个淘气的小女孩儿引起了我的注意。这个小精灵是那么的与众不同，课堂上总喜欢跪在凳子上，很少稳稳当当坐一会儿；她的课桌下总是掉了一地文具，我帮她整理好了，下次照旧；下课了，她在班里横冲直撞，习惯性攻击他人，颇有初生牛犊不怕虎的架势。每次我进班总会有学生围上来告她的状。我找她谈话，说轻了她只是笑而不答，说重了她便斜着眼睛瞪着我，一副不服气的样子，之后依然我行我素。我多次与她的家长沟通，商量各种办法想改变她，但并没有多大效果。该怎么办呢？我只好耐心地等待机会。

这一天又有孩子来告她的状，我把她叫过来，她歪着脑袋看着我笑。正不知道该如何处理时，我突然发现她那天穿的衣服很漂亮，便友好地把她拉到身边，抱起来转了一圈，才说道："穿这么漂亮的衣服，怎么老欺负别人？以后做个好孩子，行吗？"她显得很开心，满口答应。这样的话我说过无数次，但真正起作用的却是这一个小小的举动。从那以后，她开始有事没事围着我转，与同学的冲突也少些了。

被动地爱孩子，那是出于责任心；发自内心的爱，才是真正的爱！我们应该以一颗平常心接纳每一个孩子，宽容他们的不足。对于特殊学生，我们不能歧视他们，而应努力发现他们身上的闪光点，激励他们一步一步自我完善。

寒假过后，孩子们的表现比第一学期好多了，所有工作都井然有序地进行。经过冷静思考，我决定还是先解决这个小女孩儿的问题。有了上学期的经验，我开始特别关注她的举动，课上课下向她示好，有事没事找她搭话，让她帮我抱作业、拿东西等，让她继续围着我转。这样不仅减少了她与同学之间冲突的机会，上课听讲她也坐得住了。处得久了，慢慢觉得她也挺可爱的，我从内心开始喜欢她。看她高兴时，我便一点点对她提高要求，指出她的不足，她也下决心要改正缺点。

夏天到了，女孩子都穿上了漂亮的裙子。连续几天这个小女孩儿都因跑得太快而摔伤膝盖，然后可怜兮兮地来让我看。我关切地问她疼不疼，帮她擦药水，告诉她别总是跑那么快。思索片刻，我对她说："咱俩来个约定吧，如果明天你的膝盖没有摔流血，我就送你一个小礼物，好吗？"这个小女孩儿听了很高兴了，满口答应。第二天她真的做到了，我送她一包小饼干，她很开心。之后，她摔伤的次数明显少了。

这个小女孩儿一直在进步，我不断在班里表扬她，班里的学生也不再排斥她，和她一起围着我转。每天早上吃完饭，几个孩子抢着帮我拿水杯，还监督我的饭吃完了没有，然后在餐厅外等我。闲暇时我也经常走到孩子们中间，和他们闲聊、游戏。校园里总会出现我们前呼后拥的身影，我们真的成了形影不离的好朋友。和孩子们在一起，看他们总是那么快乐，我感觉自己也年轻了许多。

改变学生，要先从改变自己入手。作为孩子们的启蒙老师，我们只有俯下身来，走到孩子们中间，发自内心地关心、帮助他们，孩子们才会真正喜欢我们，和我们交朋友，这样我们的工作才会更加得心应手。孩子，让我牵着你的手，慢慢向前走！

> 校长心语：发自内心的爱，才是真正的爱！我们应该以一颗平常心接纳每一个孩子，宽容他们的不足。对于一年级的老师，不光要有足够的耐心，更要有宽容之心。用心做教育，做智慧教师，一切困难都会迎刃而解！

爱的回声：

> 在这里，我迷上了读书、绘画、唱歌、跳绳、下围棋、拉小提琴，还获得了很多荣誉。我感谢学校、老师和同学们，正是在你们的关心、关爱、帮助和呵护下，我由一个懵懂的小女孩儿成长为一名优秀的少先队员。我永远爱你们——我的学校、我的老师！
>
> ——凝碧校区一（5）班　徐诗涵

发现不同的美

◎ 李海莎

美术能让学生学到绘画与制作的本领；能培养学生的综合能力，发挥学生在各个方面的才华；能使学生发现美、感受美、创造美；能使学生热爱生活。

我曾看过一篇文章，上面说，国外的老师在上美术课时不需要学生们坐得端端正正，他们给学生足够的空间去想象、创作，学生甚至还可以画在桌子上，可以随意"乱涂乱画"。德国纽伦堡丢勒中学的谢尔先生曾经说过："在丢勒中学，学生作画时可以戴耳机听音乐，边听自己喜欢的音乐边作画。"我想这在国内肯定是禁止的。学校要求的是课堂必须有秩序，但一味地整齐、安静，往往会抹杀孩子自由发展的个性，限制孩子的创造性。怎样才能使两者兼顾呢？这是个一直让我们很困扰的问题。

我从小喜欢画画，大学时学的是设计，我很清楚夯实功底的必要性，但更知道培养创造力的重要性。我们大多数人从小接受的是传统教育，基础扎实，能吃苦，坐得住，但这并不是艺术创作，甚至说社会发展进步最需要的，最终我们需要的是有创造力的个体。正是因为这一点，我很庆幸自己是一名美术老师。在这样一个开放性的课程下，我才能尽可能地给孩子们上开放性的课，不再是依照美术书上一课一课照本宣科的来，而是鼓励孩子们去观察生活，画春天，画节日，画故事。课堂上，我会尽可能少的演板，而是给孩子欣赏更多更全面的知识。常常有学生问我："老师，我可不可以这样画？""老师，我可不可以不涂颜色？""老师，我可不可以竖着画？""老师，我可不可以多画几个人？"……每每听到孩子们问出这样的问题我心里都会有些许无奈。我会告诉孩子们怎样都可以，按你自己想的来。我不喜欢让孩子们照着我的画，也不喜欢找出一两张好看的让孩子们照着画。除"怎样都可以"这句话常说外，还有一句就是"你们画的远比书上展示的要好看得多"。有时候，大人在看孩子的画时，往往摇头说："画的是什么呀，乱七八糟！"殊不知，儿童绘画贵在无序，天然童真，去雕饰的浪漫稚拙，而且个性鲜明，想象力丰富。有的孩子喜欢用色彩，有的孩子喜欢用线条，还有的孩子喜欢画抽象的形状，所以对儿童画的批改、评价应该有多重的标准，要善于发现儿童画中闪光的东西。

  我记得很清楚，临近期末的一天中午，收到一位家长的信息："李老师，你好。媛媛说今天下午有她最喜欢的美术课，她想来学校，由于她的胳膊骨折不能动，所以不敢让她来！你们画的是什么方面的，给她发张图片好吗？让她在家画画！麻烦你了啊！"这条信息我一直没有删，因为这对我来说是一种肯定，一种认可。我觉得我所做的尝试使一些孩子正在改变。其实这个小姑娘画画并不算特别好，但我们不能用一种既定的眼光去审视孩子，去定论好与坏，更何况美术是一个开放的学科，一百个人甚至会出现一百零一种审美。谁说天空一定是蓝的，草地一定是绿的。慢慢地，很多孩子开始用自己的眼睛去观察世界、描摹世界，去发现美、创造美。而我们也应该具备一双发现美的眼睛，去发现孩子们不同的美。

  校长心语：老师对教育的理解有多深，学生就能走多远。美术课上，你能给学生创设想象的空间，让学生插上自由的翅膀去遨游和创造，你的课堂是美丽的，你的学生是幸福的！

爱的回声：

时光飞逝，你们不仅教会孩子书本知识，更让孩子学会感恩和如何从小养成好的习惯。每逢佳节，我都会收到孩子亲手制作的贺卡和礼物，感觉孩子真的长大了！在和老师长时间的接触中，我看到老师对孩子们的那份认真和无私奉献，孩子的点滴进步都离不开老师的辛勤付出。

——凝碧校区一（5）班　张嘉欣家长

我想和你们一起成长

◎ 尹子涵

临近夏日的尾声，刺眼的白光中微微透着一丝凉爽。在这个特别的日子里，我接到了要教一年级的任务，心中"扑通"一声，像一颗石子掉入水中，泛起涟漪，溅起水花，心中百感交集，一边紧张不安着，一边激动憧憬着。

一提起9月，人们便想到——开学季。是的，开学啦！我终于要和这些可爱的孩子见面了，不用再猜想他们的小模样儿，也不用再幻想和他们第一次见面的场景。9月1日，我想每所学校应该都是一样的，"沸腾"了！当我走进我们班的教室，感觉身边围绕着一群小麻雀，叽叽喳喳，停不下来。看着我们班的孩子第一天见面竟交流得这么火热，不像是第一次见面。很多学生彼此之间好像没有太多陌生感，很熟似的，只有个别学生比较安静地趴着、坐着、看着、等待着。等看到他们的信息后，我豁然明白，原来我们班有39个孩子都来自附近的村子，而剩下15个孩子的住处则较为分散。

初见小文

开学第一天，令我印象最深刻的是我们班上哭声最响亮的一个小姑娘。她个子小小的，脑袋大大的，皮肤白白的，大大的眼睛哭得红红的，像是一只受伤的小白兔。后来了解到她是我们班年龄最小的一个，在这里暂且叫她小文。小文的妈妈拉着她的小手送到教室门口，她却不愿松开妈妈的手。她们来得比较晚，教室里基本坐满了孩子，很热闹。当时，我在班里点名，看见她们母女两个站定在教室门口，便快速走上前微笑迎接。能看得出，当时的小文很胆怯，睁着哭红的大眼睛，大概是在来学校的路上已经哭了好一阵儿了。初次见面，我和小文的妈妈简短交流后，小文妈妈便低头摆动小文的手臂让她和我打个招呼。小文执拗地藏到妈妈的身后，只是微微露出脑袋小声抽泣着说"老师好"。小文的妈妈听到后把藏在身后的她拉出来，她却紧紧地拽住妈妈的衣服，不愿松开。小文的妈妈觉得不好意思又出于礼貌勉强笑着，又进行第二次尝试，可是还是失败了，小文更加地反抗拒绝。站在旁边的我也很想帮助，欢迎她进班，可是她面对陌生的我，除了那一句勉强的"老师好"，她的表情和躲闪更是拒我于千里之外。我见未果，而且班里还有那么多孩子等着我，小文的妈妈也怕影响到我的工作，她更不好意思了。于是我果断决定，为了不影响其他孩子，也希望小文能自愿进来，由她的妈妈在门口再安慰一会儿，我和郑老师轮流管理班级，协助小文的妈妈。

小文会进班吗

这一次初见成效，小文便终于愿意进班了，小文的妈妈见到小文坐好了，不舍地离开了。妈妈刚一走，小文就彻底崩溃了，不再小声抽泣，而是放声号啕大哭。这可震惊了我们全班，有些男同学不想听索性捂起了耳朵，有些女生安慰说："别哭了，没事的。"谁的话小文都听不进去，大声哭喊着："我要妈妈！"我和郑老师一看这个情形，眼神一交流，我决定做一个尝试，我对郑老师说："您留下来照顾班里，我先带她出去转一转，如果不行，咱们轮流换着试一试。"

她是我女儿

我来到她身旁，轻声告诉她："小文，我们出去找妈妈吧。"小文一听"找妈妈"便拉着我的手走出教室。我牵着小文的手在走廊里慢慢地走着，和她讲着话，路过一个班时，班门口站着一位新生的爸爸，他看见我带着一个哭泣的小姑娘，关心地问道："你家孩子还没有送到班里吗？"我淡淡笑着回答："她有些害怕，我带她出来透透气、转一转。"这位家长听了我的回答，笑着对小文说："不用害怕，瞧！我的女儿就在这个班里，她正在认识新同学呢！"听了这位叔叔的话，小文的心情稍微有些好转，我又带她继续往前走。路过三年级教室时，见到了陈老师和她的女儿，她们一看我带着一个小女孩便关心问道："咦？她是你们班的新生吗？她怎么了？"陈老师的女儿很有爱心，见到哭泣的小妹妹，便赶快安慰小文，说："你叫什么名字呀？你先坐我旁边吧，你不要哭了，等会我们做游戏玩吧？"后来，小文终于好多了，我试着说："我们回去吧，我们也可以回去做游戏呀。"小文点点头答应了。回到班里，为了其他孩子和小文不要有隔阂感，我和郑老师一起带领大家做游戏，缓和氛围，通过游戏介绍自己，并且答应小文，如果她笑了，我会奖励她的。到了放学时，她的妈妈来接她，我对小文说："希望明天你能高兴地来学校，大家都想成为你的好朋友！"

我们等着你

渐渐地，小文不再那么害怕了，慢慢变得开朗起来，脸上有了笑容，也主动和别人交流。小文的妈妈还给她报了舞蹈班，并参加了六一儿童节大型演出，登上了市歌剧院的大舞台；在学习上，从刚开始的零基础，不会写字，怕写作业，到这学期期末，有了飞跃的进步；在"读书三仕"的活动中积极读书，获得了"读书小博士"的称号；今年6月，她光荣地成为第一批少先队员！

这些都是小文积极向上、自我努力的结果,当然更离不开小文的爸爸妈妈对学校工作的支持,对孩子的耐心辅导,家校合作让我们的小文同学不再哭鼻子了,她已成为一名合格的小学生啦!

等着你,等着我

这一年的时间里,初次教一年级,虽然教一年级真的很辛苦、很累,但我却是累并快乐着!我有时经常会想到自己的小时候,自己的童年时光如同放电影一样,一帧帧,一幅幅,浮现在脑海,回放在眼前。童年只有一次,青春只有一次,在青春时光里有缘能和这些孩子一起成长,见证他们的成长,又是另一种美好!等着你,等着我,我想和你们一起成长!

校长心语: 她如此年轻,如此有爱!字里行间是对学生的细致关怀,是和家长之间的真诚热情。她把细腻的爱转化在课堂内外,陪伴孩子共同成长,让我们见证了:爱,往往比经验更重要!

爱的回声:

学校有我喜欢的花式足球课程,还有精彩的家长讲堂,今年学校举办的戏剧表演和六一儿童节会演我都参加了!通过演出,我变得比以前更加自信、更加勇敢!我最想感谢的是我的两位班主任,是你们让我从一个上课爱做小动作、不专心听讲的学生,变成一个文明守纪的好孩子。谢谢你们!

——凝碧校区一(6)班 张奕轩

作为家长,能够在孩子的学校学习和活动中亲自参与,在陪伴中共同收获和成长,是一件很开心的事情。感谢老师,在孩子犯了错误和有不足之处的时候,及时与我们沟通商讨,一起帮助孩子改正,充分体现了家校联合的作用，用爱心来教育孩子。在老师身上，我学到很多好的经验，真心感谢学校和老师们！

——凝碧校区一（6）班　朱子墨家长

孩子，老师陪着你！

张牙舞爪的小螃蟹

◎ 杨静

"老师，小申同学把教室的扫把弄坏了。"

"老师，小申同学把我的书撕烂了。"

"老师，小申同学又打我了。"

....

刚接班没多久，这个孩子就引起了所有人的注意。整个课间，孩子们接二连三地向我汇报关于小申同学的各种问题。他是一个习惯非常不好的孩子，不喜欢参加班级的任何劳动，上课爱说话，不注意听讲，经常与同学发生矛盾，他真的是我们班最不和谐的音符。作为班主任，我看在眼里，急在心里。曾多次找小申同学的妈妈沟通交流，从交流中得知，孩子在上幼儿园时就非常调皮，经常与小朋友发生冲突，恶作剧不断，甚至大打出手。幼儿园老师为了避免发生这些情况，就严格控制孩子的活动时间，尽可能地将孩子的活动空间控制在视线范围内，甚至连孩子上个厕所都规定时间，并让其他小朋友监督。可这样做的结果是：不仅没有把孩子的不良习惯纠正过来，反而是一旦脱离老师的视线，孩子就变本加厉，惹出更大的麻烦。小申的妈妈为此也很头疼，小申的爸爸也打了孩子很多次，但孩子的变化不是很明显。那次谈话以后，不知为什么我心里很不是滋味。面对这么小的孩子，我们一直未找到解决问题的根本办法，我暗下决心，一定要找到改变孩子的突破口。

我曾听过这样一个小故事：有一个登山者背包负重前行，越走觉得包越重，这时他看到前面有个女孩背着一个小男孩也在很吃力地走。登山者就问她："你背上重量这么重不吃力吗？"出乎意料的是，小姑娘淡淡一笑说："我背的是弟弟，不是重量。"是啊！唯有爱，才不会倦怠；唯有爱，才会觉得幸福。当我们用我们的爱、我们的智慧把它变为故事来讲述时，作为班主任，我们的幸福感就会油然而生。

定能生慧，静纳百川。静心、静气对渴望获得知识、拥有智慧的人来说是多么重要。面对这样的孩子，我想：如果能用书香来浸润孩子的心田，让孩子在不知不觉中爱上读书，在书中寻找乐趣，一定会让他们多几分静气，少几分戾气。孩子们都比较喜欢听故事，我就尝试着给他们讲故事，让故事说话。有时候，我会根据需要对故事进行改编，跟他们的生活联系起来，他们听得更入迷了，还能自己反思。在班级管理中，我尝试用讲故事的方式给孩子们一些积极的暗示，给他们传递一种正向的信息，让他们从故事里找到自己的影子，并向着美好的愿景努力！针对小申同学，我就编了一个《张牙舞爪的小螃蟹》的故事：在海滩上的一群小伙伴里，小螃蟹可不那么讨人喜欢。他总是张牙舞爪，动不动就伸出钳子使劲乱夹，大家都烦透了他。有一天，乌龟请大家一起来想办法，八爪鱼、海星、海鸥、小鱼等都来出主意。八爪鱼说：我们把他的钳子剪掉！我的一只触手刚被他夹了一下，现在还没好呢！海星说：我们应该拿胶水把他的钳子粘起来！我有两条星星腿特别短，就是因为小螃蟹不做好事。……讲到一半的时候我悄悄地观察他，看他听得兴致勃勃，我就停下来了，问孩子们："假如你是海滩上的一位小伙伴，你会怎么办？"孩子们纷纷出主意，有的说："干脆大家都不理他，让小螃蟹一个人孤独终老吧！"有的说："要不我们就趁他睡觉的时候，把他抬到另一片海域，这样他就不会伤害到我们了。"在谈论与交流中，我发现他的表情稍稍有了一点点变化。这时，有一个孩子说："老师，我想帮助这只小螃蟹。如果他正好听见了我们谈话，知道我们要这样对待他，他肯定特别伤心！"出现这样的转机太好了，本来还设想如果没人说话，我就让小乌龟出来说这样的话，还好，有这样的转机。"那你会怎么帮助他呢？"我又把问题抛给了孩子们，班里学生又开始了热烈的谈论。然后，我问大家："假如你是小螃蟹，你喜欢上述哪种帮助你的方式？"几个学生说完后，我让小申同学谈自己的想法，他站起来，很羞涩地说："我想让小螃蟹用自己的钳子为大家做好事！"我能感觉到他内心有触动，这是我看到他少有的羞涩，我知道这个故事对他多少是起作用了。我继续讲故事，大家都想帮助他，于是他们想了很多办法，最后大家给小螃蟹带上了一双温暖又舒适的手套。小螃蟹收到手套太惊讶了，因为他从来没有收到过礼物，他立刻把手套带上。那一天，他们在沙滩上玩耍，小螃蟹没有用钳子夹，快快乐乐，大家都觉得不可思议，连小螃蟹自己都觉得惊讶。第二天，一大早，海星一出门就发现自己家门口总是碍事的一块石头不知道跑哪里去了，小鱼也发现他们经常玩耍的地方多了几个用小石块堆起来的假山，玩起来更有趣了。"大家猜猜看，这些都是谁干的呢？"所有孩子都高兴地喊："小螃蟹！"忽然有一只小手举得高高的，"老师，我觉得咱们班小申同学可像那只小螃蟹呀！"班里的孩子都笑了，他也挺不好意思的，低着头，我说："那今天我们班里是不是也会出现很多好事呀？让我们一起期待着吧！"就这样下课了，我本没有期待太多，只想让他有点小触动就好，谁知孩子们却给我了太多惊喜。

  那一段时间，大家一直在谈论小螃蟹的故事。课间，有的孩子说："老师，今天小申同学给我系鞋带了，我觉得他的'钳子'发挥作用了！"还有的同学说："老师，今天他教我们踢球了！"就这样惊喜不断，尤其是"校长杯"足球赛时，每天他都利用课间，带领我们班男生到操场上练习踢球，俨然成为球队的核心人物。但是也会有反弹的时候，比如一个学生来告他的状，他紧跟其后说："对不起，今天的小'钳子'没管好。"有反复是正常的，因为教育本来就是个慢艺术，只要我们有静候花开的耐心，孩子们就会给你绚烂的春天，即使有些不开花，但他也许是一棵大树，一定会成为他自己本来应该要成为的样子。其实，我编这个故事最直接的改变者是他，但针对的又不仅仅是他一个人，我们班男生相对多一些，个性也比较突出一些，而男孩子很多都会有这样的情况发生，所以编故事时，我故意加入了温暖的手套，让孩子们明白，虽然小螃蟹有攻击性，但有了温暖，他就会改变，以此也想让孩子们对他人有一颗包容的心；又加入了小螃蟹利用大钳子为大家做好事的情节，也是对班里"小螃蟹"们的一种期待，一种引导，一种正向的积极的暗示。

孩子最直接的转变契机是从学校开设"足球进课堂"的特色课程开始的。每周孩子们都会有一节足球课，在足球课上，我无意间发现足球场上的小申同学活力四射，和同学们玩得十分开心，足球在他的脚下又是那么的乖巧。我像发现了新大陆一样，找到了改变他的切入点。不久，学校要举行足球比赛，我就让他带着班里的足球爱好者参加比赛。他愉快地接受了这个任务，并承担起队长的角色。从那以后他带领大家利用课间、放学时间积极练习，与同学们相处和睦了许多。

足球赛那天，他和队员们一起驰骋球场，全班同学在下面为他们加油助威。只见小申同学在球场上进攻时左冲右突，防守时从容不迫，无论是面对队友还是面对对手，都会露出自信的微笑。看他在球场上尽情地挥洒汗水，不时露出天真烂漫的笑容，我知道他不仅赢得了比赛，也赢得了同学们的尊重，更是赢得了自己！

他变了！

接下来，学校有更多、更高的平台让他展示自己：小申同学带领球队参加在青岛举行的全国少儿足球邀请赛，获得了第六名；参加山西的比赛，获得了冠军；参加黄冈的比赛，获得季军；带领班级足球队队员们连续两次获得"校长杯"足球赛冠军。孩子真的变了，不再是那个张牙舞爪的"小螃蟹"了，成为一个有责任心、敢拼敢抢的足球队长。仅仅是一年半的时间，对小申同学来说，这个世界变了；对他的爸爸妈妈来说，儿子变了；对同学们来说，心目中多了一个英雄。是什么有这样的魔力？是体育运动改变了他！是小小的足球改变了他！我们不能说足球决定了他的一生，但我们一定会说，足球影响了他！学校为像他这样的孩子，提供了尽可能多的平台，让他们有归属感和角色感，让他们找到自我，展现自我，成就自我！

校长心语：学校不仅开设了"足球进课堂"的特色课程，还开设了舞蹈、象棋、围棋等丰富多彩的特色课程，为不同的孩子提供不同的活动平台，让他们有归属感和角色感，让他们找到自我，展现自我，成就自我！

爱的回声：

在两年的学习生活中，我取得了很大进步。我学会了拼音、算术、唱歌、画画、跳绳、踢球；我懂得了尊敬老师、团结同学、文明礼貌；我记住了"倾听、思考、合作、表达"；我知道了爱护环境，保护自然，当上了"环保卫士"；我养成了热爱读书、勤于思考的好习惯，当上了"读书小博士"。这些都离不开老师的付出和培养。在老师的鼓励下，我尝试了学校的红领巾广播，锻炼了自己的口才和胆量；在老师的组织下，我参与了学校的主题研究活动，学会了合作和思考；在老师的指导下，我参加了学校的戏剧展演活动，第一次在舞台上展示了自己。谢谢你，老师；谢谢你，学校！

——美茵校区二（1）班　雷谨博

这一年以来，我们看到她上台表演不再扭捏、胆怯，能够落落大方，说话自信，能够积极参与班干部竞选演讲以及"三好学生"评选，心智在逐步成长，能按时完成作业，书写也进步非常大，读书不再一脸茫然，从以前的陪读到现在的独立阅读，阅读已成为孩子生活学习中不可或缺的兴趣爱好。

　　第一次看到她站在小板凳上洗自己的袜子，那么认真；第一次看到她把自己的床收拾得干干净净，用玩具熊在床上摆成一个心形，感觉她在一点点长大。孩子的变化离不开老师和学校的辛勤付出，感谢各位老师对孩子的关心、教育，我们也一定积极配合学校和老师的工作，为孩子的健康成长共同努力。

——美茵校区二（1）班　刘奕希家长

爱的"南风效应"

◎ 李新惠

陶行知先生曾说："爱是一种伟大的力量，没有爱就没有教育。"教育的最有效手段就是"爱的教育"。

今天，班里最坐不定且最令我头疼的小博在课堂上居然坐定了！更不可思议的是他还举手发言了！这是怎么回事？略一回忆，想起了课前的那一幕：走进教室，见他正低头捡着脚边的一张小纸片，我轻轻摸摸他的头，投去一个赞赏的眼神，悄悄地在他的耳朵旁说了句："你真棒，老师真喜欢你！"

难道，是这么一个眼神、一句话，让他改变了？要知道，这个刚入学没多久的孩子，每天都会因为调皮捣蛋而屡屡遭到各科老师的批评。他从小没怎么接受幼儿园的教育，对遵守学校课堂纪律、服从集体的意识非常缺乏，上课时随便说话，随意站起来或跪在凳子上，课间追逐打闹、大声喊叫，集合站队、做操没有纪律意识、团队概念。与班里大多数孩子相比，小博的确让人头疼、心烦，看着其他孩子端端正正坐好时，真想将正在做小动作、说话的他狠狠惩罚、训斥一番。可不管老师采取怎样激烈的措施，均不见效，甚至还有变本加厉的趋势。

一次，我偶然间读到这样一个故事：

北风与南风打赌，看谁的力量更强大，他们决定比谁能把行人的大衣脱掉。北风无论怎样猛烈，行人只是将衣服越裹越紧；而南风只是轻轻拂动，人们就热得敞开大衣。

南风效应告诉人们，宽容、关爱是一种强于惩戒的力量。教育孩子同样如此，那些一味批评孩子的教育者，最终会发现孩子越来越听不进他们的话。

我豁然开朗，原来我越是严厉地批评与惩治，他的问题就越严重，反弹也就越厉害，仿佛将老师的批评当作阵阵凛冽的寒风，他将自己越裹越紧，看着他面对老师时闪躲的眼神，我意识到，他离我越来越远了。每个孩子天生都有一颗进取的心，只有让爱的暖阳照进孩子的心田，他才会敞开自己的心扉。

于是，我改变自己的心态，当他是一朵晚开的花朵，用静待花开的冷静与宽容发现孩子身上点点滴滴的进步，让自己的耐心与关爱如和煦温暖的南风拂过孩子的心田。

课堂上，"我请小博来读，因为他是现在坐得最端正的小朋友。""我又要奖励小博了，瞧他今天听课多专心啊！"……

类似这样的表扬还有很多，在大家羡慕的眼光下，小博开始专心听课。

吃过午饭，小博又开始"活跃"起来，整个教室成了他的天下。

我走到他身边，拉起他的小手说："老师一个人在这里批改作业好寂寞，你来陪陪我吧？"

"好啊。"他的小眼睛滚圆滚圆的，回答得干脆极了。

在我边上的他看我批改其他孩子的作业，显得很安静，也很自在。见他无所事事，我请他看《十万个为什么》。见他看得那么投入，我继续批改起作业来。

上课铃声一响，小博乐颠颠地告诉我，以后每天他都要陪我批改作业，因为今天他觉得好开心！

看来，爱的教育真的很神奇！

每个孩子都是一个独立的生命个体，他们千差万别，个性、能力、兴趣各不相同。作为教师，我们要学会宽容，学会尊重，学会理解，以爱育爱，这样才能真正走进学生的内心，成为他们信赖的良师益友。一个亲切的微笑、一次充满爱的注视、一个点头、一个肯定的手势，都可以使孩子感受到教师对他们的尊重与关注，从而逐步自信起来，达到自我完善的目的。而这种尊重和理解必须以爱为基石。因为只有心中有了真爱，才能真正走进学生的内心，寻找到切实有效的沟通方式，以不同的策略，逐步纠正其不良的行为习惯。

教育专家魏书生曾说："教师应具备进入学生心灵的本领。育人也要育心，只有走进孩子心灵世界的教育，才能引发孩子心灵深处的共鸣。"当孩子感受到老师的理解与关爱的时候，那也将是孩子主动拉近彼此心的距离的开始。

当然，养成一个良好的习惯，并不是一朝一夕的事，但我相信只要怀揣着教育的梦想，让自己化身为一个爱的使者，成功就在前方！

校长心语：爱心最是有情物，化作春风更催人。爱是一种信任，爱是一种尊重，爱是一种鞭策，爱是一种激情，爱更是一种能触及灵魂、动人心魄的教育过程。教师应当有爱的情感、爱的行为，更要有爱的艺术、爱的智慧，才能真正做到"爱育精彩"。

爱的回声：

老师，您还记得吗？胆小而内向的我，是在您一次又一次的期待、鼓励的眼神中鼓足勇气站起来，结结巴巴地回答问题的。然而，您每次都说："不错！""很好！""非常好！继续加油！"也就是这些话语一直鼓励着我，让我从一个胆小、内向、回答问题结结巴巴的小姑娘，变成了一个开朗、回答问题十分流利的女孩儿。老师，我真诚地感谢您！

——美茵校区二（2）班　张之涵

我的孩子在你们的关心下茁壮成长，我永远感谢你们！我的孩子是个调皮的男孩儿，在老师们"牵着蜗牛去散步"的爱心关怀和耐心帮助下，孩子有了非常大的转变。你们做到了尊重差异，让我的孩子快乐地成长，把孩子交给你们，我放心！

——美茵校区二（2）班　李嘉豫家长

倾洒甘露 爱润心田

◎ 臧君丽

班级管理需要班主任的智慧和技巧，而智慧型的班主任总会发自内心地尊重、关怀学生，因为每个学生都是一个鲜活的生命。

在班里，每个孩子的性格迥然不同，成长的家庭环境也不相同，作为教师，要想让这一个个鲜活的生命蓬勃，就不能只看他们的外表，只关心他们的学习成绩和课堂表现，还要深入了解他们的家庭状况、身体状况和爱好，及时发现他们成长中存在的问题，把爱的情感投射到每一个孩子的心田，这样，师生间才能产生心心相印的体验，才能顺利地引导他们进行自我修正和发展。

我们班有一个帅气、聪明的孩子，父母离异，在和他接触的两年里，像打架骂人摔东西、和同学闹矛盾是经常发生的事情，甚至在生气时他还会咬自己、咬别人，总之在他身上发生了许多不可思议的事情。

无意间，我发现他在画画方面很有天赋，就请他为两位老师和同学们画像，没想到这一张张不起眼的画像，使他成了同学们心目中崇拜的"艺术家"，同时也激起了他对班级生活及学习的热情和信心。在年级组整理经典诵读书稿配画中，他画的"忆梅"一图得到了老师和同学们的极力夸赞。我也看到了他眼中所流露出的幸福和自信，这不正是引导他转变思想的最佳时机吗？于是我就和他拉钩约定：以后如果再和同学们发生矛盾，一定要控制好情绪，不要胡乱发脾气。他使劲儿点头答应了我。

可就是这样的孩子，想短时间转变是有些困难的，记得又是一个中午课间，他和同学闹矛盾，和以前一样，他把周围的桌子、凳子推倒一大片，吓得同学们都跑出教室。闻讯而来的我把他拉进办公室，什么也没有说，从抽屉里拿出他画的画像，幸福地说："你还记得给老师画像时的心情吗？你看老师一直珍藏着呢，特别喜欢！我想你给同学们画的像他们也会像老师一样珍藏的。"听到这些话，他不好意思地说："老师，对不起，我错了，今天我又没控制好情绪，我现在就去把桌子、凳子摆好，跟同学道歉。"听到他能这样说，我顿感欣慰，就这样，我抓住他身上的闪光点，绕过学生间的矛盾，给他以妈妈般的关怀，化解了他心中的怒气。现在，虽然他行为习惯上有了很大转变，然而跟其他同学相比还有一些差距，但我坚信，凭着欣赏、夸奖、鼓励、宽容和爱，他一定越来越好。

爱是无声的语言，是教师沟通学生思想和感情最有效的手段，作为班主任，要做好教育工作，就要有太阳的姿态。不管学生是参天大树还是田间小草，都要让他们有得到阳光普照的权利；不管他是富贵的牡丹还是路边羞涩的小花，都要让他们有开花的权利。教育的路上，我将始终怀着一颗赤诚之心，用爱的甘露滋润孩子们的心田，用爱心去照亮孩子们的灵魂，成就他们美好的明天！

校长心语： 爱是一门科学，也是一门艺术，更是一门能力，爱学生，贵在使学生得其天性。臧老师用她审美的眼光"读"学生的心灵，挖掘出孩子身上的闪光点，用爱心温暖他、感化他，使他看到了自身的价值，鼓起了自信的风帆。

爱的回声：

　　永远也忘不了臧老师在我的日记本上对我写的一段话：孩子，喜欢足球场上你帅气自信的身姿！老师相信，只要你把这份专注、这份不甘服输的勇气用在学习上，你会是了不起的！用不了多久，你将成为班级的骄傲、老师的骄傲！当时的我看到这句话，感受到了妈妈的温暖，心里很感动，下定决心以后一定要好好学习，不让臧老师失望。

　　　　　　　　　　　　　　——美茵校区二（3）班　孙谠言

放低教育的"门槛"

◎ 刘春霞

  教育家雅斯贝尔斯曾说:"教育本身就意味着:一棵树摇动另一棵树,一朵云推动另一朵云,一个灵魂唤醒另一个灵魂。"

  我们班上的小龙是一个聪明、帅气,但又让老师、同学都头疼的男孩子。他上课时特别好动,安安静静坐着的时间不会超过五分钟,有时控制不住自己的时候,还喜欢发出点怪声扰乱课堂秩序。一到课间就有孩子到我身边来告他的状,不是拿别人东西了,就是和小朋友打架了。哪个孩子和他坐同桌,不出一个礼拜,家长就会来和我商量:"刘老师,你看能不能给我家孩子换个座位啊?"

  面对这样的情况,我每次把他叫到身边,晓之以理,动之以情。当我告诉他要遵守纪律,和同学和睦相处时,他总会找理由给自己开脱;然后在不争的事实面前,又很快地向我保证:"刘老师,我以后不这样了。"然而,他的保证就是一句空话。在这种情况下,我明白单纯的说教是不起作用的,必须用爱心、赏识、理解、宽容来精心浇灌他,他才能绽放成美丽的花朵。

  一次数学课堂测验,小龙得了优。我在课堂上好一顿地夸他聪明,课间又把他带到办公室送他一个本子,封面上写着"我很棒"。我要求他每天都记下自己值得家长和老师表扬的事,哪怕是些微不足道的小事,并告诉他,我要随时检查，只要写满五件事就可以得到老师的一枚五角星；集满5枚五角星，就可以得到老师的一封表扬信。第一天、第二天，我检查他的记录本时，发现都是空白的，他说想不出自己有什么好事。我认真地告诉他，今天你在上课铃声响前能自觉地做好课前准备，上课时认真听讲老师表扬了你，课间没有和其他同学捣乱，午餐吃饭没有说话，甚至今天没让妈妈帮忙，而是自己整理好书包，这些都算值得表扬的事。他见"门槛"那么低，竟捂着嘴笑了！

第三天，我检查了他的记录本，上面写着："今天我帮茜茜捉掉了小虫。"我及时地肯定了他与同学间的友谊。以后的几天，我趁热打铁天天看他的记录本，见他在上面认真地记录着自己的一件件小小的"事"："今天，我讲故事，被评为'小小故事王'"；"今天，我吃中饭时，没有挑食"；"今天，我的数学题都做对了"；"今天，我画的画被老师贴到学校里的'书画园地'"……看到这里我笑了，我想这才是我想要的教育成效。

于是，我鼓励小龙继续记录下去，争取每天的闪光点更多一点，也请班上的同学去关心他、帮助他，让他每天的表现更棒一点。而他也如愿地得到了我写给他的表扬信。

慢慢地，来向我告小龙状的孩子们变少了。一次次表扬，一阵阵掌声，一枚枚五角星，一封封表扬信，终于有任课老师告诉我："刘老师，你们班的小龙比以前可爱多了嘛！"他的妈妈也告诉我："刘老师，我家小龙一直跟我说你表扬他，喜欢他，我发现他现在在家里的表现也确实好了很多。"看到小龙这样的转变，我心里也很高兴。

一个小小的本子，一道放低的教育"门槛"，就能给孩子一点希望，一份自信，就能让一艘小船不再搁浅，就能让一个灵魂不再沉睡。每一个孩子都是一本书，内容都是那么丰富。孩子，他们毕竟是孩子，犯这样那样的错误在所难免，面对犯错的孩子，大声呵斥、怒目批评、甚至暴力惩罚，这都是教育的下下策，真爱、宽容、耐心、智慧、等待，把孩子跨进优秀的"门槛"放得低一些，再低一些——这才是教育的上策。

　　校长心语：放低教育的门槛，"爱的教育"润物无声。刘老师智慧地开展班级工作，通过不断反思与创新，把平凡的工作做得不平凡，让班主任工作变得更有效。一件班级中的小事，一个"问题孩子"成长的小故事，折射出了我校"以爱育爱，爱育精彩"的办学理念。"慈悲为怀，宽容待人"，这是佛家的根本，更是我们教师所要追寻的爱的极致！

爱的回声：

　　感谢学校为孩子们提供锻炼的平台，感谢老师用爱心鼓励孩子、关爱孩子，在学校组织的"戏剧进校园"活动中，孩子在老师的陪伴和指导下，一次次地排练，一次次地成长，作为家长，我欣喜地看到了孩子点点滴滴的进步，她变得大胆而自信了！太多的感动让我更加喜欢这里的老师，更加信赖这个以"爱育精彩"为教育理念的学校！

——美茵校区二（3）班　刘卓雅家长

携爱前行 共同成长
◎ 杨彦彦

教育的核心是育人,育人的核心其实就是一个字:爱!老师也好,家长也好,当我们用心播下爱的种子,就一定会有收获!

苏霍姆林斯基多次指出:"教育的效果取决于学校和家庭教育影响的一致性。"要教育好一个学生,不能只靠班主任一个人,要调动一切可调动的力量,形成教育合力。学校和家庭,是小学生最主要的生活场所,也是接受教育最主要的场所,只有这两种教育力量互相配合,互相作用,形成合力时,才能为学生的健康成长搭建起一个精彩的舞台。

我们班有个孩子叫小杰,家境优越,父母忙于生意,长期将孩子寄宿于校外周托班,对孩子的成长教育等方面缺少关注。为了慰藉孩子,父母就用金钱来弥补情感上的缺失,经常在周末相聚时用买零食、玩具和给零花钱的方式满足孩子。家长给了孩子物质方面的富足却忽视了他真正需要的是来自家长精神的关注和交流。从家庭中得不到足够的亲情,孩子逐渐变得爱撒谎、打架、骂人、自由散漫、没有集体意识,由于孩子经常带较大数目的零花钱到学校,引起了个别调皮孩子的注意,要挟、打骂让其交出零花钱的情况时有发生。在处理这些问题时我和孩子谈心,看到孩子在说起爸爸妈妈很少陪伴自己时,流露出的委屈和渴望,我决心一定要和孩子的家长好好沟通。

我和他的妈妈多次交流，分析家长这种教育方式对孩子、对家庭的影响，他的妈妈也和我交流了来自家庭的很多问题，了解了更多信息后，我找到经验丰富的刘春霞老师，刘老师带着我和他的妈妈真诚地沟通，共同探讨针对小杰的教育方法。由于同样是母亲，我们的交流也越来越有效，小杰的妈妈最终真正认识到，在家庭教育中，正确的爱和陪伴是最简单有效的方法。

　　小杰的妈妈立即将孩子从周托班接回家，每天陪着孩子上学、放学、做作业，并努力和孩子进行精神交流，关注孩子的精神需求。慢慢地，小杰开心了，自信了，纪律意识和自我控制力也有了提高，在课堂上变得守纪律，爱发言，甚至写作业也积极认真了。结合小杰自身的转变，我和几个任课老师也尽量为他创造各种展示的机会，课堂上的提问和鼓励，课外活动中街舞特长的展示，班级活动中团队的融入等，在我们共同的努力之下，小杰取得了明显的进步。

　　在物质条件富足的今天，父母的责任更重要的是教育，而不是抚养。作为班主任，要做好教育工作，更要有一颗赤诚的爱心，用心去感受和关注每个孩子。在成长过程中，孩子们会有这样那样的问题出现，不管是父母还是老师，都需要不断地学习、反省，并经常沟通，两者多多结合，才能及时发现问题，共同用心解决问题，使每一个孩子健康、快乐地成长。

　　　　校长心语：现代教育越来越重视家校联合的重要性，家长文化也是学校文化的一个重要组成部分。在"以爱育爱"的思想基础上，杨老师在与家长的交往中注重真诚沟通、明确责任、相互信任、相互扶持、互相配合、互相成长，这就是我们的精彩家长、精彩教师。家校携手，共育精彩学生！

爱的回声：

　　有一天准备上学时我感到头有点疼，但当时并没有在意，来到学校后，我越来越难受，头也越来越疼，一点儿力气都没有，我当时不知道怎么办才好，只好趴在桌子上。老师发现我一直趴着，于是走过来弯下腰询问情况并用手摸了摸我的额头，当时真的感觉老师特别的温暖，像妈妈一样。回想自己之前的一些表现，真的特别惭愧，今后一定会让老师看见一个不一样的我。

——美茵校区二（4）班　陈怡霖

以前一直以忙为理由，忽视了和孩子的交流。在和老师深入沟通、探讨后，我才意识到孩子出现的那些问题，和我们家长有直接的关系。这段时间我暂时放下工作，每天陪着孩子，才发现孩子的成长我错过了许多，不过幸好还来得及，现在孩子越来越想对我说心里话了，我们的关系也更亲密了。看到这些变化，我由衷地感到幸福，我会继续用心陪伴孩子以后的成长的。

——美茵校区二（4）班　张凯捷家长

呵护心灵，用爱温暖陪伴

◎ 徐国霞

教育家陶行知曾说过一句话："真教育是心心相印的活动，唯独从心里发出来，才能打动心灵的深处。"

有人说孩子就是一本书，要想教育好孩子首先就要读懂这本书。而一年级的孩子刚从幼儿园升上来，面临最重要的问题就是入学适应性问题。除了最基本的生理适应，对他们来说，心理适应也是一个很大的障碍。幼儿园与小学教学方式、管理方式的不同，新环境的陌生、人际交往的困惑以及学习的压力等都会给孩子们带来很多困扰，这就需要我们教师尊重孩子们的心理发展规律，尊重孩子们的个性发展，全面关注孩子们的身心健康，让每个孩子尽快适应一年级的学习和生活。

开学的第一星期，哭着闹着不进教室的孩子总有几个，餐厅里坐着不吃饭想家的孩子也有，而这样的孩子往往又是班里最不爱吭声、性格最执拗的。面对他们，简单的说教、哄似乎在他们身上起不到任何效果，我们只有俯下身子，把他们看作一只只纤弱的小蜗牛，牵着他们慢慢去散步，我们不能走得太快，虽然他们每次总是挪那么一点点，但他们已经尽了力。我们需要用耐心、关心、尊重和理解打开他们紧锁的心扉，贴近他们的心理，在思想上开导他们、安抚他们，想方设法在师生间、同学间架起爱的桥梁，使他们感受到老师的温暖、集体的温暖。

有个叫小园的女孩儿，小小的个子，刚来时，躲在妈妈的身后，不肯放手，她警惕地看着周围的一切，流露出惊恐与不安。妈妈一旦离开，她就站在校门口大声哭闹，一哭就是一两个小时，甚至是一个上午，我着急地来到办公室和同年级老师沟通交流，想办法。接下来的几天里，我常常对孩子说："孩子，老师就是你的妈妈，非常爱你，有不开心的事就和老师说，老师会帮助你的。"课堂上，我经常鼓励她："孩子，你很聪明，老师从你的发言中已经看到了你的大胆和自信，继续加油，你会更棒！"赞许的话语让这个孩子昂起了头，露出了微笑；大课间做操时，我带领同学们一起教她做操，告诉她同学们都很喜欢她；餐厅里，老师坐在她身旁，像妈妈照顾孩子一样关心她……一天天过去了，这个孩子发生了翻天覆地的变化，她能愉快地走进教室，人也变得活泼自信、有上进心。

班里还有一个叫小柯的小女孩，大大的眼睛，非常可爱，刚入学上课，我就发现她很不开心，一副融不进课堂的样子，到了中午就餐时间，她索性哭了起来，一口饭也不吃。我试着去哄孩子，说今天的饭有多好吃，可是她根本听不进去，一直哭着要回家，情急之下，我就喂她吃饭，她也下意识地慢慢吃起来，但看到旁边的孩子们都看着她笑，也许是出于不好意思，她又摇起了头，继续哭着要回家，这个时候，我就指着远处说："你看，那个小男孩就是我儿子，他和你一样大，也上一年级，他的妈妈离他这么近，他却没有依赖我，自己吃饭，自己送餐具，自己进教室。你已经升入一年级了，是一名正式的小学生了，这是多么值得骄傲的事情。"我一边和她说，一边观察孩子情绪的变化，她渐渐停止了哭泣，在我指向远处的儿子时，我发现她注意力很集中地看着我的儿子。我顺势抱起了她，像母亲一样温柔地鼓励她说："孩子，我相信你，你一定会像我儿子一样坚强，不依赖家长。等你吃完饭，老师有小奖品奖励给你，好吗？"

也许是我的诚恳、我的鼓励让孩子放下了内心的芥蒂，她用含着泪珠的大眼睛看着我，轻轻地点着头。等吃完饭回到教室，我放弃中午仅有的一点休息时间，把她叫到身边，主动与她进行轻松的谈话，说到高兴的事情，我们开心地大笑起来，打开了孩子的话匣子后，她滔滔不绝地跟我讲起了家里的乐事……在下午的课堂上，我在提出一个问题时有意识地看看小柯，她发现我在看她，好像意识到我在用眼神鼓励她回答问题，她马上很精神地看着我，嘴角还挂着甜甜的微笑。看着孩子轻松愉快的样子，我的心里暖暖的，做一名教师的骄傲将我的内心装得满满的！

日子就这样在忙碌中匆匆地过着，我充实着，积累着，发现着，总结着……相信我会和班里的小朋友们一样，在这个美丽和谐的大家庭中不断地成长！

> **校长心语**：教育就是"以心灵感应心灵"的过程。徐老师把"爱"自然而然地贯穿于教育中，从学生的角度考虑问题，用"学生的情感"体验，尊重、信任、理解、关爱每一个孩子，潜移默化地浸润着每一个孩子的心灵，使孩子的心灵健康成长。

爱的回声：

这学期徐老师组织的语文课前"精彩两分钟"，我们都很喜欢。在老师的耐心帮助和鼓励下，大家都很积极参加表演：有的同学画了一幅画，把画里的故事讲给大家听；有的同学给大家讲了电梯的原理，这些都是我所不知道的……我了解了更加精彩的世界。而我为大家讲了《笨笨熊掰玉米》的故事，看着同学们听得那么入神，我就更加大胆自信了，以后我一定会更加努力地学习新的东西并分享给同学们。

——美茵校区二（5）班　李奕玎

记得刚到学校时，我的孩子一个字都不会写，这两年来孩子总让我不断得到惊喜，孩子懂事、贴心、勇敢而不怯懦！这样一个自信而又坚强的女孩儿是老师教导的成果，学校努力让孩子活得精彩。向辛苦的老师们致敬，你们如此用心才能让每位孩子茁壮成长，我很开心能与老师及每位家长组成一个大家庭！

——美茵校区二（5）班 陈盈蓁家长

足球赛的后续故事

◎ 齐明明

在孩子们的欢呼声中，学校足球赛又一次拉开了序幕。我们班球员的实力还是很强的，这一点，我从来没有质疑过。

绿茵场上的比赛即将开始，我马上要安排球员上场了。班里的男孩子们把我围得严严实实，一个个争先恐后地举手想要上场：前锋、后卫、中场全部安排妥当，轮到安排守门员的时候，还没有被安排上场的孩子们高举的小手放下了，他们立刻安静下来，我知道他们退却了——都不想当守门员。因为他们觉得站在球门前当守门员很无聊，既不能进球得分也不能在球场上驰骋，更不能为班里带来荣誉。

这时我环视了一下四周，只有一个个子小小的、瘦弱的男生说："老师让我守门吧！我想当守门员！"我应允了他。

在场外家长专业的指导下，这个孩子把球门守得很好，每一次对方球员踢过来的球他都能牢牢地抱在自己怀里，使对方一个球也没有进，场下的同学们也对他投来了赞许的目光。最后，我们班以3∶0的好成绩赢得了这场比赛的最终胜利。

比赛结束后，我带着孩子们回班休息并总结比赛情况。我表扬了在这次比赛中表现突出的小球员，更赞扬了这个瘦弱的小男生敢于担当、有集体意识。

我用比赛的事实告诉孩子们，球场上的每一个位置都很重要、缺一不可，更没有主次之分。如果球场上没有一个好的守门员，那么对方会很容易将球踢进我方的球门，大家的努力都会白费，而我们班也无法赢得比赛的最终胜利。这时，不愿守门的孩子们默默地低下了头，看得出他们已经意识到了自己的错误。

这次比赛，我们班不仅赢得了比赛，还收获了难能可贵的团队凝聚力。我想，在下次的比赛中，我们班的表现一定会更加精彩，班级凝聚力也会更强。

校长心语：教师能用无声的教育使学生们明白团队缺一不可的道理，寓爱于教，或许真正的教育是无声的，自己体会远远比说教更有说服力。在教学工作中，老师应当相信自己的学生，相信他们用自己的方式探索世界的能力！

爱的回声：

这学期我参加了学校举办的足球赛，作为一名足球爱好者，我觉得先锋特别威风，在这次比赛之前，我从没有觉得守门员重要，我们都争恐后地想做球场上最显眼的那个人，可以在球场上尽情奔跑。可是这次比赛，齐老师却叫我们明白了守门员的重要性，而且我们是一个整体，少了谁，都不会赢得比赛。我以后也要做最勇敢的那个人，献出自己的力量，为班集体争光！

——美茵校区二（6）班　陈思彤

这学期，因为孩子身体有些不舒服，请了很多次假，但秦老师、齐老师都非常尽心尽力地关注孩子。孩子可能在家待久了，觉得在家不用写作业，因为他生病，我们也没敢让他多学习，可是我发现越是这样，他越是偷懒，后来都不想学习了。我很着急，看着秦老师每天发的学习重点信息，我很想让孩子学，可是怎么劝也没有用，只能求助老师。老师非常关注孩子，我特别感动，班里这么多孩子，老师还能把浓浓的爱分到我孩子身上，我感到很幸运。在秦老师的帮助下，宝贝爱上了上学和学习！

——美茵校区二（6）班　王昊易家长

给孩子们一片蓝天

◎ 徐冬霞

　　学生能力的锻炼与培养，需要一份由衷的信任和适当的机会，更需要老师们有放手给学生的勇气和理念，给孩子一片蓝天，他们就会展翅高飞。

　　如果说一年级是一群刚入学的无知小孩儿，一粒刚入土的种子，那么到了二年级，这粒种子在温润土壤的孕育下，开始了发芽的历程。发什么样的芽？从哪个方向发？怎么发？成为他们急待解决的问题。而我们为他们铺设一个怎么样的平台，创设一个怎么样的环境，更有利于这些种子发出健康、茁壮的小芽呢？这就成了我们二年级开学第一天思考的问题。

　　还记得开学的第一天，我和迎春就给孩子们布置了一个任务，当晚回家准备竞选班委的演讲稿。其实这个任务，如果放在高年级去做，是一件很平常的事儿，但是，放在刚刚升入二年级的孩子身上时，我和迎春其实心里是捏着一把汗的。他们连一段稍长的话还说不连贯呢，会有为了班级的大我牺牲小我的意识吗？会有责任意识吗？

　　晚上我们通过微信群，争取到家长们的理解和支持，平时有些孩子连背书都不愿意好好背，这次竟然主动彻夜在家背稿子，那份认真的态度也让家长震撼不已，而这些也是远远出乎我们意料的。孩子们在不知不觉间长大了，只要我们给他们一个成长的环境，一个成长的动力，他们就可以发出粗壮的枝芽。

第二天，班委竞选活动开始了，从孩子们一张张稚嫩的小脸上，我们欣喜地看到了责任的萌芽。无论孩子们的竞选稿较短也好，用词不准确也好，家长辅导的客套话也好，都显示出这项活动他们亲自做了，无论结果如何，自己经历了，而这就是我们要追求的带给孩子多一份的经验积累。

给我们印象最深的，是新转到我们班才一天的李凝，她在竞选中的一段情绪激昂的话引起了全班同学的认可："如果我当上了班长，我会带着全班同学，拿第一！"好狂的战斗宣言呀，小小孩子竟然说出这样的话，要知道我们班的底子并不怎么好，而且你才来这个班一天，对这个班级什么都不熟悉，连人都不大认识，话好说，但是事儿好做吗？说出来的话，可是要做到的，如果做不到，你在这个班级怎么待下去呀？我和迎春很是怀疑。在最后的竞选结果投票中，班长一职得票最高的竟然是李凝。我和迎春都蒙了，怎么办？要不要换一个人选，她当班长合适吗？看似柔柔弱弱的她行吗？无奈，全班人气指数最高，最后，我和迎春妥协了，随民心走吧，或许她演讲词不是最好的，但是，她点燃了全班同学积极上进的斗志，而这就是一个班级集体凝聚力的象征。孩子们长大了，一粒健康发芽的种子带动了一大片种子的破壳，这比我们苦口婆心地在一旁催促着效果要好得多，群体的力量大于我们教师单独引领的作用。

在接下来的第一个星期，少先队检查中，班级扣分最少，第二个星期、第三个星期……一个月的总评中，还是第一，我们感到不可思议呀，从一年级的不起眼到现在拿第一，我们只求有进步就行，结果，她说到做到。事后，我和迎春讨论，其实不是说她一个人的力量有多大，关键是她充当了那一根点燃蜡烛的火柴，顿时引发了满满的精彩。而我们老师所做的就是给孩子们组织一项任务，提供一个健康规范的成长环境和一份由衷的信任。

班委是老师的得力干将，班委是班级的榜样引领，班委是同学的主心骨。

如何组建一支"能打胜仗"的班委，相信我们大家心里都有自己的想法，那就让我们在新的一学期中边修正、边期待孩子们快乐成长吧！

校长心语：爱需要勇气，爱需要不断去尝试、创新，爱需要勇于进取，爱更需要在具体过程中去适时发现、修整思路、适度提升、实践拓展。因为这份爱，需要我们大家共同有能力地、有智慧地去发扬光大！

爱的回声：

　　学校的活动丰富多彩，我最喜欢"戏剧进校园"的活动。在那次活动中，我们班演的是《喜羊羊和灰太狼》，我是喜羊羊的扮演者，我非常高兴，是同学们的信任和支持，选我扮演喜羊羊这个角色，我很珍惜那次上台表演的机会。那次表演我们都很努力，也非常快乐，谢谢老师，谢谢同学们，谢谢默默支持我的妈妈，谢谢学校，我爱你们。

——美茵校区二（7）班　朱奥林

　　我从阳光、自信的孩子们身上看到了他们的成长和变化，丰富多彩的校园生活及良好的学习环境和氛围，给了他们一个五彩缤纷的童年生活。这是孩子所需要和向往的，也是家长所希望的。

——美茵校区二（7）班　郭珂欣家长

用爱陪伴　因爱成长

◎朱　琪

相信每位一线教师，总会遇见几个调皮的孩子，他们不守规矩，令人头疼。作为一名年轻的班主任，我也不例外。面对这些孩子，我用耐心帮助他们，用爱心陪伴他们，与他们一起成长。

一年级下学期，我接手了现在的班。孩子们度过了刚刚入学的磨合期，适应了小学生活。因此，我接得很放心。经过一段时间的相处之后，我发现班里有个很特别的孩子。他很懂事，课下劳动、课外活动都能积极主动地帮助老师；他又很调皮，常常不守纪律。课堂上，他的课桌上从来都是干干净净的，我从没见他拿出书本读过书，课堂作业也总是完不成。每当我问他时，他总是用商量的语气问我："老师，我能拿回家写吗？明天我一定给你交上来！"我无言以对，因为就算我说不可以，他课堂上依然不会写。

观察了一段时间后，我发现原来他写字的速度非常慢，而且注意力容易被分散。当别的孩子作业都写完的时候，他往往只写了几个字。也许是刚开始学写字时，握笔姿势不正确，导致孩子写字非常吃力，也就写得慢，时间一长，孩子就不愿意写了。孩子的父母工作比较忙，经常出差，陪伴孩子的时间总是断断续续的，因此，孩子的习惯养成也总是不能一直坚持。我和他的妈妈商量之后，决定把每天课堂上的学习内容用短信发给她，晚上回去她检查，孩子在学校完成作业了就多鼓励、多表扬，激励孩子学习的劲头。课堂上，他注意力不集中时，我会让他坐到我的身边，监督他写作业。二年级开学了，我发现他上课能坐在自己的位置上写作业了，尽管有时还是拖拖拉拉，但是有进步总是好的。我与他的妈妈分享了孩子的进步，孩子妈妈也很高兴，我们的努力有了收获。

正当我们为孩子的进步感到高兴的时候，他不写课堂作业的毛病又犯了。一连几天，他的情绪都不太对，上课捣乱，作业也不写。我很生气，拉他出来准备训斥一顿，可是他双手交叉抱臂，脸扭在一边，一句话也不说。看到他的这个动作，我的脑中突然闪出看过的一本书上说："当孩子双臂交叉抱胸，这是自我防卫的动作，意味着孩子拒绝和你交流。"我突然意识到：坏了，孩子拒绝与我谈话！

我平静下来，仔细回想了他这几天的表现，突然想到了前几天的课堂上，进行了词语检测，当时间结束收作业的时候，他还没有写完，我想让他晚上回去接着写完，就没有收他的作业。这时我才恍然大悟，原来他以为我不要他的作业了。于是我没有批评他，拉他坐下，先跟他聊了些别的话题，又向他解释了为什么那天我没有收他的作业。渐渐地，孩子的情绪缓和了，放下了他的胳膊，他明白自己这几天做错了。我们做了一个小约定，我不告诉他妈妈他这几天的表现，他回去好好补上这几天的作业。也是刚好，因为他的进步，我与孩子妈妈商量一周联系一次。他答应了，那天之后不用我说，他也能认真完成作业，并且让我检查了。

原来，每个孩子的不同表现都是有原因的，只有当我们平心静气，冷静下来用心观察，用智慧找出根源，用耐心包容错误，用爱心陪伴孩子，孩子才能更加健康地成长！

校长心语：教师在面对孩子的错误时，有智慧，有包容，充分体现了我们学校的办学理念——"爱育精彩"！相信只要我们的老师用爱心传递信念，点燃家长心中爱的明灯，一定会为孩子照亮幸福的远方！

爱的回声：

　　我很喜欢我的学校。因为我们学校每天没有作业，放学后可以和小朋友在院子里玩到很晚才回家。我在学校有许多好朋友，他们有许多优点，有的擅长围棋，有的擅长画画，有的擅长跳舞，我要向他们学习。我比较喜欢玩，但我知道小时候要多学本领。

——美茵校区二（8）班　孔博元

　　两年来，我们看到了学校教学充满特色，不但切合学生小升初的实际情况，而且重视素质教育，与时俱进地培养孩子德、智、体全面发展。老师认真负责，及时与家长沟通联系，使家长能第一时间了解到孩子在学校的表现。孩子在老师的悉心教导下茁壮成长，逐渐进步。我们看到孩子的点滴进步，看到孩子每天兴高采烈地去上学都很欣慰。

——美茵校区二（8）班　吕婧妍家长

有一种爱叫信任

◎ 白 寓

　　教育离不开爱，就像鱼儿离不开水。爱是教育的基石，是教育的"催化剂"，是滋润学生心田的甘露。

　　小芯是个腼腆乖巧的小姑娘，一年级新生的第一次家长会后便让我深深记住了她。记得那次家长会结束后，小芯的妈妈询问孩子的情况，我简单交流了一下自己的看法，认为孩子比较内向，不太愿意展示自己。听到老师说起了自己的不足，旁边站着的她竟然哭了起来，让我不知所措。我和小芯的妈妈约定多给孩子展示的机会，让她自信起来。接下来布置的几次实践作业，小芯的妈妈把她制作作品的视频发到了班级微信群里，我知道这个小姑娘有一双巧手，我在等待给她展示自己的时机。

　　4月戏剧节在孩子们的热烈期盼中到来了，经过商议我们班决定排演《森林爷爷》。小树的服装是借来的，所以没有配套的头饰。16人参演，这么多头饰问题该怎么解决呢？想到了班上爱做手工的小姑娘们，我们在班里组织了一场头饰设计大赛，孩子们利用周末时间在父母的帮助下各自设计了一个头饰，周一班会课评比。谁设计得好，就按谁的设计来为节目制作头饰。周一的班会课上，孩子们拿出形形色色的头饰，别致的设计超出我的预想。尤其是小芯的设计获得了大家的一致好评。她在妈妈的帮助下设计了两个头饰，用卡纸做底，海绵纸做树叶，立体感很强，头饰后面还特意用松紧带做头套。看到老师和同学们赞许的眼神，小芯开心地笑了！之后，她作为道具组组长，在妈妈的帮助下完成了乌云背景的制作，也收获了成功。在那之后，我发现小芯更自信了！

我们班本学期办板报的工作采取学生自愿申报的方式，让板报成为孩子们展示自己的"舞台"。3月过去了，4月过去了，都没有见到能写会画的小芯来主动申报。就在这次戏剧节后的一个课间，她主动找到我表示自己想要主办下一期板报。太好了！我任命她为组长，她可以根据自己的需要挑同学组队。周一早上刚到校，她就连忙把自己的设计稿交给我。我仔细一看，主体突出、构图合理、字迹工整、色彩明亮。上午拿到班里，同学们一致通过。她和几个组员充分利用每个课间休息的时间，在短短的两天之内就完成了板报。听到大家的啧啧称赞，她的脸上绽开了笑容。晚上，我把板报的照片和她们组全体成员的合影发到班级群里，家长们纷纷点赞！我的眼前仿佛又看到了她灿烂的笑容。

人的潜力是无限的，每个人能做的，比他现在已经做的要多得多。小学阶段的学生更是如此！而他们的未来，在很大程度上取决于生活中的"重要他人"对他们的期望和态度，尤其是教师的期望。因此，作为老师，要把目光放远些，再远些，给每个孩子展示的机会，相信每一个孩子能做得更好，成就更精彩的自己！

校长心语：爱是教育永恒的主旋律，作为班主任更要爱学生，对每一个学生都要像对待自己的孩子一样来关爱。要用真诚的爱去感化学生，触动他们的心灵。要学会欣赏他们，发现他们的闪光点。班主任用自己博大的爱心关心、爱护自己的学生，让孩子们感受到时刻生活在爱的家园里。

爱的回声：

　　孩子回家兴奋地告诉我要为班级戏剧节演出制作小树头饰，怎样才能用头饰突出小树苗壮成长呢？在我的提议下，芯仪去路边挑选形状好的树叶，在海绵纸上画样做树叶，用卡纸做轮廓和支撑，用皮筋连接卡纸两边的接口，这样小树头饰就大功告成了。制作过程要有耐心和细心。我和孩子一起完成，特别温馨。孩子通过自己的想象制作出比较满意的作品，有完成后的成就感，也有和老师同学一起分享、体会制作的乐趣。小小的一次经历，孩子明显更加自信了。

　　　　　　　　　　——凝碧校区二（1）班　任芯仪家长

爱如阳光

◎ 刘玉慧

春天来了,温暖的阳光不仅洒在美丽的鲜花上,也一样慷慨地洒给那一棵棵不知名的小草。

在我的音乐课上有一个聪明却调皮的孩子叫小北,他上课总坐不住,不停地在凳子上扭来扭去,甚至在课堂上,为了一点点小事和同学产生冲突,甚至动手。所以,他是大家都不喜欢的那种孩子,也是老师头疼的那种孩子,我不知道怎样可以帮到他。

事情的转机出现在我要在他们班讲一次重要的公开课。我想精心选拔一个做"精彩两分钟"展示的同学:"同学们,谁有音乐方面的才艺?"我有点意外,在举起的众多小手中我竟然发现了他,他高高地举着小手,眼神里充满了期盼。"你会什么?"我亲切地问他。他大声说:"我会拉小提琴。"我高兴地请他来做公开课的"精彩两分钟",并叮嘱他回去好好准备。

第二天,他带来了小提琴,我请他在办公室拉一拉。他认真地拉了一曲,虽然曲子短,演奏有些稚嫩,但很熟练,看得出是经过了努力练习。我夸奖他拉得好!我又说:"等你表演时,大家一定会安静地听你拉琴,那你拉完琴后,能不能也安静地坐好上课呢?"他的眼睛闪亮,点了点头。

果然,他做到了。公开课上,在全班同学以及听课老师的注视下,他并不畏惧，那一刻，他像一位真正的小演奏家，投入在他的音乐里。教室很安静，大家都在认真地听他拉琴。可能大家都没有想到，平时调皮捣蛋的他，不被大家喜欢的他，竟然会拉小提琴，而且还拉得很不错！掌声响起来，我看到他眼睛里闪着自信。这一节课，他坐得很端正，而且听讲认真。

下课后，我帮他收琴，真心地肯定他："你今天演奏得真好！还有哦，你坐得也好，听讲也很认真，发言又积极！你看，这样的你多棒啊！"他喜不自禁，脸上洋溢着灿烂的笑容。我继续鼓励："希望你以后都像今天一样好！"

在以后的课堂上，他在悄然发生着变化，有着一点一滴的进步，虽然有时他还会需要我的提醒，但我知道他在努力，他在转变。我相信，他一定会越来越好。

爱如阳光，可以点亮我们的眼睛，发现每一个孩子的优点和长处；爱如阳光，可以温暖孩子的内心，点燃他自信的光芒，给予他向上的能量。在爱的阳光下，每一个生命都会蓬勃发展。

> **校长心语**：没有爱就没有教育，教育是长期熏陶、感染和唤醒的过程，但是让爱均匀地洒向每一个学生就不是那么容易了。爱成绩好的学生容易，爱成绩差的学生学生难；爱文明守纪的学生容易，爱调皮顽劣的学生难；爱尊敬师长的学生容易，爱目无师长的学生难；爱循规蹈矩的学生容易，爱招惹是非的学生难。然而，学生最不可爱的时候，就是他们最需要爱的时候。让师爱如同阳光，让班级温暖明亮，让学生健康成长。

爱的回声：

六一节，我既是一个小主持人，又在《森林爷爷》中扮演小树。刚开始我有些紧张，后来，我面对着观众微笑，就一点也不害怕了。我要感谢老师和家长，因为老师为我们付出了很多，也给了我一个能展示自己的舞台；家长给我们化装又给我们照相,帮老师很大的忙;我还要感谢全班同学,没有你们,我们怎么能演得这么好呢!

——凝碧校区二(1)班 刘一菲

香包里的爱

◎ 张苏毅

你是一个心地善良的孩子，重情重义，对待同学真诚热情，但同时你又是一个内心敏感的孩子，缺乏安全感。好想你是我的女儿，让我把特别的爱给特别的你！

那一天，中午放学后，我准备带同学们到餐厅就餐，不知道为什么，你死活不去餐厅吃饭，门外的孩子们都在静静地等我们，而你，在教室里哭得稀里哗啦。我的天，你又怎么了？我强压下心中的烦躁，让班长先带领队伍到餐厅就餐，我留下陪你。

我问："孩子，你怎么了？"

"老师，你别问了，越问我越难受。"你抬头看看我，说着又哭了起来。

"好吧，我知道你心里难受，想哭你就哭一会儿吧！"

就这样，我陪着你，在那儿哭了足足有十分钟！

我问："现在你能告诉我为什么了吗？"

"老师，我不想说。"你答道。

"好，不想说就不说吧，等你想说的时候再告诉我哦，我很愿意和你分享你的心情。"

"好。"

这时，有的孩子已经就完餐回到了教室，可你依然不愿到餐厅吃饭，说吃不下。眼看着时间很晚了，你很贴心地让我赶快去就餐。有同学们陪着你，我也安心了，于是匆匆地赶往餐厅。到了餐厅，刘老师问怎么来这么晚，我简单地把情况说了一下。怕你饿着，刘老师和我决定：把餐厅的馒头悄悄地带回去两个。因为有就餐的纪律，我们也不能因为你一个人而破坏了规则。回到教室，我悄悄地告诉你，如果饿了可以来找我们。午休时间，你来找我说有事情和我讲，我静静地等着，或许你还没有想好，想了半天，一个字也没有说出来。我说道："请回吧孩子，老师还要批改作业呢，等你想清楚了再来吧。"你扭头回班，五分钟后，你又折了回来，说："老师，我想对你说。"

"好，我洗耳恭听。"我认真地看着你。

因为放学时，你突然想到以前上幼儿园的事了，你年龄小，经常被同学们欺负，于是越想越伤心。哦，原来是这样，我把你的身子扶正，认真地看着你，缓缓地说道："孩子，老师爱你，我能理解你的心情。"我顿了顿，继续说："咱班现在有人欺负你吗？"

"没有。"

"好，既然咱班没有人欺负你，那么对于你小时候的事情，你是不是也应该学会忘记了呀，咱们不能因为那些不愉快而影响了现在的心情，你说呢？"

"嗯。"你重重地点了点头。

"好了孩子，还有事吗？如果没有，就请你回去休息吧。"

"老师，还有一件事。"你悄悄地附在我耳边说，"我饿了。"

我会心一笑："好，现在请你坐到刘老师的位置上吃馒头吧！"

你轻轻走到刘老师的位置上，轻轻地拿起馒头，慢慢地吃。

孩子，看到你，老师感到自己肩上的任务更重了，作为一名老师，如何教会你们正确面对生活中的种种烦恼，以一种什么样的态度生活，这是更重要的任务。

端午节到了，为了让你们对中国的传统文化有一定的了解，我们就结合年级情况，开展学习包粽子、扎香袋，送香袋给自己的父母等一系列的活动。

节日过后的第一天，我刚走进教室，你就满脸微笑地来到我身边，说："老师，请您蹲下一点点。"

看着你那期盼的目光，我蹲下了身子。

"闭上眼。"

我像个听话的孩子，一一照做。

"睁开眼！"

睁开眼的一刹那，我看到我的脖子上多了一个小小的香囊，软软的，香香的，幸福感瞬间爆棚。

你的话在我的耳边响起："老师，这是送给您的香包。这是我们特地给您做的，谢谢您带给我们的爱。"

通过微信，我知道，当时咱们班有好几个孩子是和你一起回你的老家过的节日，虽然只是一个小小的香包，但我分明感受到了来自你们的爱。你们在家里，从来都是爸爸妈妈的娇宝贝，从来没有拿过针线，可是为了我，却是这样的用心，这叫我如何不爱你们呢？

后来与你的妈妈交流，她说："老师，孩子们在一起学做香包，都争着说做成的第一个要送给您。我带着他们到山上去玩儿，找到了好看的石头，孩子们也都吵着说要带回去给您做个手链。连我这个做妈妈的都有些吃醋了哦。"

孩子，你满满的心意老师都收到了，谢谢你对老师的爱，有你，有你们，我很幸福。

校长心语：老师用自己真诚的爱，来教育和影响学生。细心的观察，耐心的等待，走进学生心里，尊重孩子，让其释放不良情绪，回归正常的学习生活。再从后来学生做香包、送香包的事情中可以感受到学生对老师真诚的爱。心中有爱，爱一切学生，爱学生的一切，没有分别之心。接纳，认可，引导，唤醒，真正践行了"以爱育爱，爱育精彩"的教育理念。

爱的回声：

  记得我们班节目演出的那天，漂亮的妈妈们来给我们化装，我们女生个个都成了"小小美人鱼"。大家准备的节目丰富多彩，有《吹牛大王》《傣族舞蹈》，还有长笛和小号演奏呢！最后，我们大家一起表演了《感恩的心》，老师也给我们唱了歌，好感人啊！我要感谢敬爱的张校长和郭校长来观看我们的节目，也感谢辛苦的张老师和刘老师，谢谢你们！我爱你们！

——凝碧校区二（2）班　曹梦迪

  张老师，真心谢谢你，带给蓁蓁那么多快乐。每天孩子回到家都不忘告诉我：妈妈，张老师表扬我啦。看着小丫头在你的教导下越发自信，我很是开心。因为您的影响，我也在努力改变自己的坏脾气，尽可能温柔地和孩子说话，静下心来认真听孩子讲。谢谢你，让孩子越变越好！

——凝碧校区二（2）班　石昀蓁家长

一把小花伞

◎ 宋彦辉

曾经的他，在宠溺中任性倔强；现在的他，在规则下自由成长。一次没有硝烟的"斗争"，带给我们几分思考；一把充满温情的伞，带给我们许多感动。

三月，细雨中的空气格外清新。刚走出餐厅，一把小花伞突然挡在我的眼前。定睛一看，原来是小星。雨丝中，那张胖乎乎的小脸笑得格外灿烂。看得出，他很开心，仿佛心里藏着天大的秘密。"怎么了？"我问他。"没什么……"他只是笑，并不说明。我向前走着，他也随着我的步伐向前走着，并且很努力地把小伞举过我的头顶。他个子小，想要做到这一点并不容易，小脸涨红了，但笑意分毫未减。哦，我明白了，原来，他要为我打伞。"你是不是在这里等我？""嗯！"他使劲点头，满脸得意扬扬的神情，仿佛等到了老师是多么值得骄傲的大事！我心里一暖，赶忙伸手帮他打伞。雨很小，打伞显得多余，但是，我怎能辜负了小家伙的好意呢？谁知道他刚刚在餐厅外等了多久？谁知道他等我的时候是怀着多么甜蜜的心意？此刻，曾经的他悄然浮现在脑海里……

初见小星，就见识了他不一般的执拗，那是新生入校的第二天，我亲眼见证了他与妈妈打架的过程。准确地说，是妈妈站在那里束手无策，而他像发狂的小兽一般扑打着妈妈。而打架的原因，仅仅是因为上学时妈妈给他穿了短袖，他却一定要穿长袖。最终的结果是，妈妈投降，在三十几度的高温天气里，带他回家又给他换了长袖，才算平息。事后，小星的妈妈找我诉苦，抱怨孩子不懂事，乱发脾气，实在管不住。我告诉她：如果与孩子的沟通方式只能靠一味地忍让，那这中间一定有家长的问题。爱孩子，首先应该让孩子讲规则、明事理。看她还是不明白，我说："如果你愿意，我可以示范给你看。"她欣然同意。

一天下午，小星又发起了脾气，无论如何不肯写作业。放学后，我留下了他，他握紧拳头气得大哭。看到妈妈进来，他哭得更响了，仿佛抓到了救命稻草一般。我一边悄悄对他的妈妈使眼色，一边平静地说："给你十分钟时间，足够你写完作业。十分钟以后如果还没写完，我就请你的妈妈先回家，我在这里陪着你。"他看向妈妈，妈妈神情平静，一言不发。大约是感受到了我的坚决，他不再哭闹，抹抹眼泪开始写作业。五分钟后，作业写完，他顺利回家。我不知道，这样的心理斗争能否让他明白：哭闹不是解决问题的方法，老师也绝不会因为他的任性而无原则让步；我不知道，他的妈妈能否从这件小事中得到些许感悟，进而改变与孩子的相处模式；我只知道，从那以后他再也不对我握紧拳头，摆出要拼命的架势了；我只知道，当我用温柔的眼神看向他，当我用兴奋的语气称赞他时，他的眼睛里少了偏执，多了理智。

为了改变他暴躁的脾气，我鼓励他参加"读书三仕"的评选活动。从每天三分钟到十五分钟，从每天一小段到每天好几篇，他坚持阅读，我持续表扬。渐渐地，他的脸上不再写满冷漠和拒绝，取而代之的是热情与接纳。

为了强化他的规则意识，我任命他担任班级的值周班长。从地面卫生到课前准备，从课堂秩序到课间站队，他有板有眼，认真负责，我赏罚分明。渐渐地，他不但能严格要求自己，还时常提醒别人遵规守纪。

此刻，他依偎着我，我轻揽着他，我们就这样，静静地走了几分钟。短短的几分钟，他很快乐，我很幸福。真希望今后的每个日子，或晴或雨，我们都能像这样，一直走下去！

　　校长心语：随着孩子渐渐长大，他们会越来越渴望独立，越来越希望自己的想法和主张能得到成人的认可。无论是老师，还是家长，我们都要学会用平等、尊重的态度与孩子相处。特别是在情绪的控制上，必须保持理性，不能一味地粗暴制止，也不能毫无原则地随意退让，只有这样，才能让孩子在得到爱的同时，也懂得规则的力量。

爱的回声：

　　上一年级的时候，老师要求我们每天读书十五分钟，因为我认字少，读拼音的速度又慢，我觉得读书很难。但我依然坚持读书，因为宋老师给我们设计了读书记录表，每天都有记录、有评价，每次受到老师的表扬，我的心里就像吃了蜜一样甜！有一天，我突然发现我读《昆虫记》时不需要看拼音了，而且能把书中的内容和妈妈交流，妈妈惊喜不已。现在的我，是个爱读书、爱思考的孩子，我知道，是老师用爱让我越来越好，是学校用爱让我走向精彩！

——凝碧校区二（3）班　韩若愚

花雨伞下的爱

◎ 白晓丽

一把漂亮的花雨伞，传递给女儿的是暖暖的爱和思念，通过这把花雨伞，老师用包容感动了孩子，孩子用真诚温暖了老师。

小雨淅淅沥沥地下了一夜，到了早上还恋恋不舍地时不时滴落几滴。我走在上班的路上，呼吸着清新湿润的空气，欣赏着翠绿油亮的花木，看着细雨中盛开的朵朵伞花，心情无比舒畅。

我加快步伐向教室走去，心里想：今天下雨了，要早些组织孩子们放雨具，吃早餐。

小家伙们真懂事儿，先来的已经把雨衣、雨伞整齐地放好了，我夸了孩子们几句，大家更开心了。

"老师，我的伞漂亮吗？刚买的哦。"可爱的萱萱打着一把蓝莹莹的有星星图案的小伞进来了。

"哇，好漂亮的伞！"小姑娘们都围了过来。

我笑着说："萱萱的伞真漂亮，像星空一样。赶快把它放好吧，我们吃早饭了。"

同学们快速到走廊排好了队，刚走出教学楼，雨就停了下来。

"不下雨了，萱萱还打着伞，都扎着我了。"翔翔不满地说。

"萱萱,快把伞收起来,这会儿不下雨了,扎住同学可不好。"

"那我一个人走,还有小雨滴呢!"说完,她赌气地一个人走在队伍的后面。

下午的"德育十分钟",我刚走进教室,便看到萱萱坐在自己的位置上,鼓着小嘴巴。同学们争着报告:"老师,萱萱在教室里老撑着伞,都扎着我们好几个人了。"

我看了看萱萱,只见她满眼泪珠,生气地说:"我的伞上还有小水珠,所以不能合起来,我要等伞干了再合起来。"

看到如此任性的孩子,我努力压住自己的怒火,用生硬的语气说:"萱萱,老师不是讲过教学楼里不能打伞吗?你为什么还要这样做?很危险,知不知道?"说完,我把萱萱的伞合起来放在教室后面,不再理她。

"德育十分钟"之后,看到还趴在桌上抽泣的萱萱,我把她带进了办公室的休息区。"你能不能讲讲今天为什么这样做?"看到平时一贯温和的我这样严厉,萱萱害怕地低下了头,"这伞是我妈妈送给我的礼物,妈妈和爸爸在外地打工,我一年都没见过妈妈了,这伞是小姨从妈妈那儿捎回来的。"孩子断断续续哭着说着,"我想让小朋友们知道伞是妈妈给我买的。"

听到这儿,看着这小小的孩子,我真有些心疼,于是,我抱住了萱萱说:"原来是这样,萱萱的妈妈好爱萱萱呀,打工那么辛苦,还不忘给萱萱送礼物,对吗?"孩子点点头。

以后的日子里,小萱萱总是有意无意地亲近我,时不时来向我汇报和妈妈通话的内容,我也分享着她的快乐。

又是几天的连绵细雨,萱萱依旧打着她的小花伞上学,但是这次她却把她的小伞保管得很好。

中午进餐厅吃饭,雨下得不是很急,我便没打伞,冒雨走进了餐厅。吃饭出来的时候,外面已是一片汪洋。"哇,下这么大怎么回去呢?"正在这时,我看见萱萱在餐厅的走廊里徘徊，还不时地东张西望，看见我，她兴奋地跑过来："老师，我看到你没带伞，咱俩一起走吧？"我笑着说："好呀，谢谢你！"

接过孩子的小伞，搂着她行走在雨里，我的心里充盈着满满的温暖和感动。

校长心语：小小的花雨伞是小女孩渴求的母爱，老师捕捉到了孩子内心的渴望，给予了孩子无痕的爱。爱在深处，真情自然流露，孩子是敏感的、细腻的，她用自己的依恋，用自己的真心做出回应。得到爱，付出爱，我们的人生都会变得温暖。

爱的回声：

在学校"爱育精彩"理念的引领下，从校长到教师，从孩子到家长，总有一种无形的力量在推动着我们勇往直前。孩子们在这么一个有爱的大家庭里，是何等的幸运和幸福。老师是孩子的镜子，孩子是老师的影子，我从孩子身上看到了老师的尽力与尽心，更看到了孩子们的未来必定是鲜花绽放，格外芬芳。

——凝碧校区二（3）班　彭薪羽家长

在犯错中成长

◎ 白亚平

鲁迅说过：孩子的世界，与成人截然不同，倘不先行理解，一味蛮做，便大碍于孩子的发达。

"噗！噗！"全班哄堂大笑！又是他！每次上课都是他！每节课不是说话，就是自己找东西玩耍。上上节课是捏橡皮泥，上节课是撕纸，现在竟然用嘴巴吹桌子，不断发出声响，玩得不亦乐乎！我已经提醒他三次了！请他到讲台上来，可他依然能找到"志同道合"的人，继续进行他的"游戏课堂"！

下课后，我把他留下，想着这次该如何与他沟通呢，一次次说教，一次次没收东西，没有任何作用。

"上课大家学唱的英语歌曲你喜欢吗？"

他很快回答说："喜欢。"

"那你会唱了吗？"

"不会。"

"那你为什么没学会呢？"

沉默。

"为什么上课不听讲呢？"

又是一阵沉默。

我明白了，他这是完全不清楚课堂上该怎么控制自己呀！那以前我那些教训他的话岂不是白费功夫了吗？于是，我严肃地指出他的错误，再郑重地、坚决地、不容改变地要求他改正错误，和他一起制订听讲方案。首先要求他上课时把一切与课堂无关的物品清理干净，眼睛只能看着老师。他犹豫了一下，但还是同意了。接着，我就鼓励他，老师上课很关注他，很希望看到他认真听课的样子，想好好在全班面前表扬他呢！他诧异地抬头看着我，眼中闪过亮光，我知道他动心了，他知道该怎么做了！

果不其然，下一次的课堂上，他听讲认真，发言积极，被表扬了多次，那骄傲的小眼神仿佛在告诉我："看！老师，我做到了！"

在成长的过程中，学生总是在不断地犯错误：忘了写作业、和同学打架、学习不认真、考试成绩不理想等。以前我见到这种情景，当即就会急火攻心，大声呵斥，自己生气不说，学生也被训得心惊胆战，甚至还觉得莫名其妙，并不清楚自己错到哪里呀！之后谈的什么补救、改正都是老师自己在唱独角戏！所以我们万万不可一味地指责、埋怨，要就事论事，公正地评价孩子的表现，听听孩子的想法，然后对症下药。

另外，孩子改正错误的过程本身就是一个反复的、漫长的过程，需要孩子动用自身的意志力与错误的做法和错误的习惯做对抗。当孩子的意志力不够强的时候，犯错就会出现反复。就像课堂上的他，不时地还会出现这样那样的问题，但我没有因为孩子改正慢而对孩子失去信心，而是不断地、耐心地引导他，鼓励和帮助他。

我们总在提倡尊重学生，不伤害学生的人格。要知道，每个人都有一颗成为好人的心。我们都知道外因是事物变化的条件，内因是变化的根据。启发有缺点和错误的学生正确认识自己，进行自我教育，这才是帮助他们进步的有效方法。

校长心语：成长的过程也是错误不断的过程，如果在每一次犯错后都能吸取教训，加以改正，完善自己，这样的犯错就是一个个珍宝。

爱的回声：

今天的英语课上，我坐得笔直，还不停地举手回答问题，同学们都吃惊地看着我，好像不认识我了。老师特意表扬了我，我特别骄傲！之前的我在课堂上随意乱动，谁都看就是不看老师。自老师告诉我这样是不对的，她说想看我认真听课的样子，我答应了。今天，我做到了！我真高兴！

——凝碧校区二（3）班 路明洋

爱的进行曲

◎ 王静利

爱是阳光，爱是雨露，爱是希望，爱是种子。

我们因为特殊的缘分聚在一起，组成一个特殊的家。你的爱，我的爱，所有人的爱，在这里生发、酝酿，成长为我们生命中最坚实的能量之源。

一次提醒

小红在上学期期末时获得了进步奖，要参加学校的颁奖仪式。进行排练时，她不停地跳啊跳，这种举动在排着整齐队伍的孩子们中间，显得太扎眼了。

我虽然能够理解她激动的心情，但是在这样的场合、这样的表现还是不太合适的。正在我思考用什么样的方式来提醒她的时候，站在一旁的白老师微笑着说："小红这个学期表现真棒，你看站在你旁边的军军也得奖了，他站得那么直，让所有人都更加喜欢他、佩服他！"

白老师说话的声音柔柔的，很轻，但是小红听得非常清楚，她用眼睛看看旁边站得更加笔直的军军，脸上有些不好意思，她也像军军一样站得直直的。

当我们用对方法的时候，在收获效果的同时还会在孩子心里埋下温暖与阳光的种子，白老师是我学习的榜样。

一次午餐

今天的午餐是米饭、红烧肉、番茄炒鸡蛋和银耳汤。孩子们一进餐厅便欢喜得不得了,把午饭吃了个精光,才心满意足地离开了餐厅。所有的老师都在为孩子们服务、维持纪律,等他们吃完饭,方才坐下。

中午的"德育十分钟",我和他们谈起午餐,他们依然兴致勃勃。

"你们猜猜,最后一个离开餐厅的是谁?"

"是老师!"

"老师为什么是最后一个呢?"

"因为我们吃饭的时候,老师们都等着。"

"因为老师要给我们维持纪律,让大家吃好饭。"

"谢谢同学们,你们体会到了老师的爱,希望你们用自己明亮的眼睛去发现身边那些充满爱的小事情,并对他们说一声'谢谢'!"

爱是一种能力,感知到爱也是一种能力,我们用行动爱孩子,更要让孩子体会到爱,这样他们才能学会爱。

一把雨伞

今天下了好大的雨,还偏偏赶在了午餐时间。

进餐时,看着学生一个个走了,伞也一把把地离去。我边吃饭边看着窗外哗啦啦的大雨。

门口,两个小身影不停地闪动,她们是在等谁吗?看看班里的位置上已经没有其他同学了,可她们似乎没有要走的意思。我冲她俩招招手,两个小美女笑盈盈地走到我身边:"老师,我们俩一人一把伞,我们俩打一把伞,这把伞给你用吧!"

还没等我把"谢谢"说完,她们放下伞就跑掉了,只留下我还在那里感动。撑着伞走在雨里，风虽然很大，但是我的心里满是坚定和力量。

提醒他们打水、喝水；依据光线，提醒他们开灯、关灯；根据温度，提醒他们开关风扇、空调、增减衣物……教他们怎样想办法解决问题，怎样和同学们友好相处，怎样保护自己，怎样爱自己，怎样爱别人……

日日时时地絮絮叨叨，就是浇灌，就是酝酿，就是雨露，就是阳光。让我们用最平常的一颗心，静候一朵花儿的绽放，倾听一棵大树的成长。

    校长心语：爱的最高境界就是平平凡凡的爱，是彼此的尊重，是相互的关怀，是在点点滴滴、一言一行中都能让你感受到的平实和坚定。教育就是爱的事业，一次提醒，一次午餐，一把雨伞，无不充满浓浓的爱意，你在我心里，我在你心里。

爱的回声：

当我注视黑板迷惑不解的时候，您总是不厌其烦地一遍遍为我讲解，直到我学会为止；当我躺在病床上忧心忡忡的时候，您总会打来一个个关切的电话，对我嘘寒问暖，让我倍加感动；当我躲在角落困惑不安的时侯，您总是鼓励我，让我充满勇气和力量。学校就像我的家一样温暖，老师就像妈妈一样爱着我。我爱学校，我爱老师！

——凝碧校区二（4）班　范浩祥

做老师就要像太阳

◎ 马 青

做老师就要像太阳——老师是学生的太阳。太阳是恒星，恒星要永远发出光和热。

做老师就要像太阳——老师总要燃烧自己的生命，照亮学生的前途和心灵，指明学生前进的方向，驱除学生内心的黑暗。

做老师就要像太阳——老师对自己的职业要有火一样的热情、雨露一般的爱心，因为有了阳光、雨露，花儿才能绽放得更加绚丽多彩。

做老师就要像太阳——学生是祖国的花朵，是祖国未来的栋梁之材，我们的老师要如同太阳一样放出光和热，才能把自己的学生培养成祖国未来所需要的人才。

有人说，老师是春蚕，"春蚕到死丝方尽"。也有人说，老师是蜡烛，燃烧自己照亮别人。还有人说，老师是园丁，一年四季辛勤耕耘。

但我说：老师是太阳，温暖所有孩子的心。一起来听一听，我和他们的故事吧。

早晨，我到校特别早。进了教室，发现小米已经来了，坐在座位上。我来到她身边，对她说："今天，马老师还帮你梳头，好吗？"她高兴地说："好！"我从口袋里拿出早已准备好的梳子和皮筋，细心地给她扎小辫。她一反常态，一动不动，乖巧得像一只小猫。

辫子快要扎好了，其他同学也陆陆续续地走进教室，围到了我们的身边。小果说："哇，小米今天真漂亮！跟往常打扮不一样！"小雨羡慕地说："老师，你怎么对小米那么好啊？"小敏说："老师，你怎么不给班级里表现好的同学梳头发，偏偏给不爱说话的小米梳头发呢？"其他同学也应和道："是啊，是啊，为什么呢？"

我笑了笑，对孩子们说："你们瞧，她今天多漂亮啊！人漂亮了就会自信很多，做起事来也会事半功倍！"记得有人曾经告诉我：你要懂得珍爱你身边的每一个人，不管是美的丑的、好的坏的，要像太阳那样公平。看，太阳每天普照大地，它每天照好人，也照坏人！让每个人都感受到它的温暖！做老师就要像太阳，让每个孩子都感受到你的爱，不管是调皮捣蛋的，还是聪明好学的。总有一天，你的爱会感化他们。这就是以爱育爱！

于是，我每天早早地来到学校，依然给这个调皮捣蛋的女孩子梳头发，给她施以太阳般温暖的爱，默默地关注她，静观她的改变，希望她早日变成人见人爱的小淑女，不仅仅是外形上的改变，更重要的是心灵和行为上的。

校长心语：老师能成为学生的太阳，是老师一生中最幸福的事，也是一件很难的事，更是老师要一辈子付出的事。能幸福地付出，就能更充分地燃烧自己，发出耀眼的光芒，就一定能成为学生心中的太阳，这对于每位老师来说，是再幸福不过的事了。

爱的回声：

致亲爱的老师

晨曦中，我们喧嚣而来。

你用微笑迎接我们,
开始了一天的工作。

晚霞中,我们喧嚣而去。
你用微笑送别我们,看着我们离去,
却又开始了一天的收尾工作。

期末了,我们一个个满怀硕果和喜悦而去。
原以为,这是孩子的期末,也是你们的期末,
可以睡个懒觉,可以回归家庭。

哪想到,
我们走了,你们的工作还有很多很多。
讲座、学习、总结、分享……
无关家人,只关孩子。

老师,愿你们也早些期末,
因为你们的期末都是满分,总评都是优。
老师,您可以歇歇了!
老师,您辛苦了!
谢谢您了,亲爱的老师!

——凝碧校区二(4)班 张怡馨家长

爱的唤醒

◎ 郭丹辉

他是班里的淘气鬼,他是班里的闯祸精,他是六一舞台上的精灵,他又是围棋比赛中表现出众的小棋手。他是谁?他又经历了什么?

"老师,小海跟小羽打架了!"

"老师,小海上完舞蹈课把我们的鞋拿到男厕所了,让我们没有鞋穿!"

"老师,小海拿着水壶到处洒,把我们的桌子都弄湿了!"

每天都会有好几个人来告这个同学的状。每遇见这样的事,我就把"涉案人员"都叫来,把事情分析清楚,每一次小海都能认识到自己的错误,诚恳地跟同学道歉。可是没过多久,这样的事情又会发生,就这样反反复复,让人无奈至极!

到底是什么原因让这个孩子有这些举动呢?我开始关注这个孩子,每当问他为什么这样做时,他总会说是闹着玩儿的。我发现当制造了混乱,同学们追着他跑时,他特别兴奋,好像他做这一切的目的就是吸引大家的关注。这是什么原因造成的呢?这和孩子的成长环境是有很大关系的。孩子从小由爷爷、奶奶带,爸爸、妈妈管得很少,他又是家里唯一的孙子,爷爷、奶奶更是宠爱有加,从而造成了孩子没有养成良好的行为习惯,也正是因为这样,班里的孩子都有些疏远他,而他心里又特别想得到同学们的关注,他发现对同学进行恶作剧能引起大家对他的注意，所以就选择了错误的方式。

那么，该如何帮助这个孩子融入集体呢？我先找到了这个孩子的妈妈跟她说了孩子的情况，建议她多关注孩子，多陪伴孩子，重新建立良好的亲子关系，给孩子一个安全的家庭环境，同时也在行为习惯上多提醒孩子。

接下来，我利用"德育十分钟"开了一个班会。我让小海站到讲台上，然后问大家："孩子们，我们今天来说一说小海同学身上的优点吧！"全班同学都默不作声，我先开口道："今天数学课上小海同学回答问题特别积极！"停顿了一下，我又接着说："我们每个人要做一个有心的孩子，要多发现别人的优点，这样我们也会越来越优秀的。"孩子们得到了启发也接着补充道："今天我不会做题，小海主动给我讲了！""今天音乐课，小海表演老师教的歌，唱得可好了。"……看着小海高兴的嘴都合不拢了，我赶紧趁热打铁："小海！听见了吗？我们大家都挺关注你的，而且特别喜欢这样的你，也喜欢和这样的你玩，你的优点特别明显，可不能让缺点把优点掩盖住了！我们希望以后每一天都能看见你的优点在闪光，好吗？"小海高兴地点头，从他闪闪发光的眼睛里我感觉他好像得到了他需要的东西，我相信这次班会能使他有所改变！既然孩子想跟大家交流，想让大家关注他，那我就满足他，给他一个舞台，让他站在大家的中央，让他感受到集体的爱，让这份爱促使他成长！孩子们报告他的事情越来越少，有机会我总是让小海给大家拉首曲子或者让他带头唱首歌，同学们也越来越喜欢这个阳光小男孩。

小海的家长也付出了很多努力，每天悉心陪伴，还根据孩子的特长给他报了小提琴和围棋两个兴趣班，孩子也因为这两个特长有更多的机会走上舞台展示自己，同时也交到了更多的朋友。现在的他回家总喜欢跟父母说一说在学校的事情，满是开心和激动！

小海在慢慢成长，我有时候甚至都想不起他原来的样子。每个孩子都是来到人间的精灵，他们需要我们爱的呵护，这份爱来自老师，也来自家长，更来自集体。也只有这份爱，才能唤醒孩子内心的善良，也只有这样的关心和陪伴，才能引导孩子选择积极、正确的心态去面对身边的人和事。

校长心语：大爱无言，却深沉凝重，它需用责任和精神作依托；大爱无声，却馨香远播，它需用汗水与泪水来浇灌；大爱无形，却有迹可循，它需用理论与实践作支撑。智慧的师爱永远是教育的根基，以爱育爱，爱育精彩！

爱的回声：

我以前是一个腼腆的小女孩，上了小学之后，我的性格变得非常的活泼开朗。不知不觉中，我已经在学校度过了两年的时光。小草更加绿了，花儿更鲜艳了，学校更美丽了。是它给了我成长，是它给了我知识，我爱我的学校！

——凝碧校区二（5）班　占晓航

光阴似箭，记得刚到学校时她特别胆小，性格内向，缺乏自信。经过这两年学校组织的各种各样活动，孩子可以在快乐中学习。学校的社团让她学到很多书本外的知识。一年级的亲子时装秀，二年级的话剧《丑小鸭》，孩子精彩的演出，让我非常激动。孩子经常对我说："妈妈，我好喜欢我的学校啊！"

——凝碧校区二（5）班　李文曦家长

宽容与等待

◎ 吕碧贞

她是一位非常聪明、漂亮的小女孩，见过她的人都会赞叹不已。可是她做起事情来慢慢吞吞，情绪经常失控，在班里大发雷霆，大家都习以为常了。

接到这个班的第一节课，我就对这个小女生印象深刻，一张漂亮、很有灵气的脸让我非常喜欢。慢慢接触下来，我觉得她有点执拗，和搭班老师一聊听说她有点"感统失调"。这个词对于我来说很陌生，赶快上网了解了一下：感统失调是大脑不能有效地整合各种感觉信息，主要表现为学习、专注力、情绪等方面的障碍，有时过于敏感，有时又过于迟钝。

做了一番了解后，我对她稍微宽容了一些，不再较真。一年级时有一节课同学们正在写生字，她突然起身大声吆喝着朝我走来："我不想在这个班待下去了，再待下去我会死的。"同学们和我都愣了，我有些措手不及，就说："我现在不和你说，你这会儿太激动了，先下去吧。"她竟然回了句："你连愤怒和激动都分不清！"然后就甩手而去。我深呼吸后看着她坐在位置上哭，慢慢地觉得好像真的是我的错，没有真正理解她，她才会生气。等我们都平静下来后，找她聊时才知道是因为她太讨厌同桌了。

她去过很多国家，看过很多书，随便一个故事就能讲得声情并茂。她做事情要么不做要么就会特别专注地做完，写字磨蹭是她很大的一个问题，但是只要我说写完再出去玩,她就真的一直写,虽然很慢但很用心,让人觉得特别可爱。

她到了二年级有一阵子变得特别暴力,一个女生竟然让班里的30个男生感到害怕不敢惹。看着这么漂亮的小姑娘面目狰狞地追追这个打打那个,真是很让人头疼。所以我就私底下教她:"你这样太傻了吧,他们越是爱看你发狂,你就越是要让他们看不到,做个小淑女,要是谁太过分了,我帮你'收拾'他。"就这样,她慢慢安静下来。我想,她已经在改变了。

二年级的她对情绪的控制有了一定进步,可是毕竟忍耐是有限度的。下课时间我正在办公室,一阵哭泣声传来,我立刻抬起头。"老师,我要转学校,我在这里再也待不下去了,再待下去我会死的。"所有老师都在看着我们两个,可是此时的我已经不那么惊慌了。我摸着她的头问:"怎么了?是谁让你这么生气啊?"她还是不想跟我交流,只哭着说要转学。哄了半天才告诉我,她忍了那个男生好久了,实在受不了了。我答应她好好"惩罚"那个男生,让那个男生今天帮她做一件很难的事情,她才平静了心情回教室。书上说,当孩子的情绪被接纳了,她就会变得平和,原来是真的。到我去上课时,她已经和别人有说有笑的了。现在她有什么不满,已经可以很安静地进办公室小声告诉我了,这对她来说真的很不容易。

我不知道自己能对她帮助多少,只是希望用自己这种接纳、理解的爱等待她慢慢成长。

校长心语:老师对待学生非常有爱心、有耐心,事例当中给我们呈现的是如何爱学生。老师的爱不是盲目的、随意的,了解是爱的根基,尊重又是爱的前提。老师认真听取孩子的心声,孩子的情绪得到了安抚,这样孩子才可以慢慢变得平和。

爱的回声：

　　吕老师是我的班主任，带我有两年了。我在这个班里一直觉得很幸福。记得6月7日，姐姐要高考，考场离家又远，妈妈要去接送她，来不及接我回家吃午饭。吕老师知道了就让我和她一起去学校餐厅吃饭，她帮我盛饭的样子真的和妈妈一模一样。吃完饭，我跟老师去办公室休息，老师又把位置让给我，我很感动。虽然是和老师在一起，但我感觉就像和妈妈在一起一样。

　　　　　　　　　　　　　——凝碧校区二(6)班　沈祥云

　　6月17日轮到我在家长讲堂讲课，为此，我做了整整两个星期的准备。下午3点，走进教室后，我非常紧张，纪律也维持不好。当在老师的帮助下讲完课时，我突然看到了老师额头的汗水。我不禁沉默了。是啊，七八岁的孩子，爸爸妈妈都不一定能忍受得了而经常呵斥他，我想象不出你们是怎样忍受的！也许这就是他们对工作的爱，对学生的爱。

　　　　　　　　　　　　　——凝碧校区二(6)班　焦李天昱家长

孩子，相信你能行！

一路向阳，静候花开

◎ 赵聪丽

每一朵鲜花的绽放，都经历了漫长的等待。在我心中，每一个孩子都是一朵会开的花，或早或迟，或艳丽迷人，或清新淡雅……这需要我们用爱心去浇灌，用耐心去等待。

上午第一节下课后，阿杰悄悄地告诉我："赵老师，今天是小菲的生日。"我立即回应一句："好的，知道了。"（自从2015年9月9日在班里给学生过生日以来，孩子们以在校过生日为荣）我来到办公室，打开电脑，在班级QQ相册中搜索起小菲在学校的生活、学习照片。

我一边挑选着照片，一边暗自庆幸：当初接这个班时，就先给班级申请了一个专属的QQ号。注册成功后，我编辑校讯通短信发送给家长："班级QQ号是1543029326，我刚注册，大家加上后，我会把孩子们在校的情况拍照上传，大家从中可以了解孩子的情况，同时，看到喜欢的照片您也可以下载保存。"短信发出后，短短5分钟时间，就有9位家长成功添加。随后，我在空间里写下了第一篇说说："孩子们，从今天开始我们在宇宙中安了一个永恒的家。这里，记载着我们的酸甜苦辣，见证着我们的成长历程，镌刻着我们的真诚友谊——是我们大家永远的、美好的、难忘的、幸福的家。"接下来的日子里，我坚守给家长的承诺，不时拍下孩子们在学校里学习、活动的精彩瞬间，及时发到班级QQ空间。随着时间的推移，我拍照，家长查阅，在这无声的交流中，我和学生及家长的关系越来越亲密。

收拾好思绪，望着眼前上百本相册，我耐心地一本本翻阅起来：春节过后，开学第一天，她和自己制作的灯笼的合影好喜庆，不过，照片是竖版，拉宽后人都变形了。有了，人像放到左边，右边放一串燃放的鞭炮。哈，效果不错，另存到专用文件夹。她大课间做操的这一张动作舒展，姿势好优美呀！——另存。升旗仪式上的这几张，肩抗国旗，标准甩臂的动作真吸引眼球哇！——另存……

第四节还是我的课，我节奏紧凑地进行完所讲内容，剩下10分钟时间，切换到小菲的生日PPT，刚打开画面，机灵的孩子就喊道："小菲快到讲台上去。"满脸笑容的她快步来到讲台上，喜滋滋地欣赏着美味的蛋糕、精美的礼物，不时引发大家的惊呼。小菲的眼睛一眨不眨地盯着自动播放的照片，那幸福的滋味无以言表。身后，伴随着《祝你生日快乐》的乐曲，全班同学的歌声在教室里回荡！

望着孩子们喜悦的笑脸，我的心情荡漾开去。

班里学生每次生日，我均一一制作精美的电子相册作为礼物送给孩子。一次次的生日祝福，拉近了我和家长之间的距离，增进了我和孩子们之间的情谊。班级的各项事务开展起来也越来越顺利，孩子们的改变越来越大。

有一种过程叫作偶然，关注偶然就成了必然。我们有理由相信，每一株花最初都是草，每一棵草最后都会开出花，只要我们心存期待，方法得当，多些耐心与信心，相信"莫疑春归无觅处，静待花开会有时"。我会用心守望，静待花开的精彩时刻。

校长心语：谁爱孩子，孩子就爱他，只有爱孩子的人才能教育好孩子。作为班主任，爱学生所产生的教育功效是其他任何教育形式都超越不了的，爱是师德的核心，是教育的灵魂，爱构建和谐的师生关系。我相信，今天爱心的种子，明天会成为茂密的森林。只有用我们的爱心全力浇灌教育，用我们的真情倾注教育，才有可能收获桃李。

爱的回声：

  "祝你生日快乐，祝你生日快乐……"随着这熟悉的歌声，屏幕上出现了我的照片，老师说："有请今天的小寿星程果！"

  这时的我心里好激动，屏幕上出现了我在教室上课时的照片，在做操时的照片，在餐厅吃饭时的照片，这些都是赵老师平时为我们拍下来的，记录了平时同学们学校生活的点点滴滴，看着这些照片，我心里有种说不出来的高兴，这时同学们为我唱起了《祝你生日快乐》歌，纷纷送给我生日祝福语……这个生日我收获了老师和同学们真诚的祝福，非常感谢赵老师为我过的这个让我难以忘怀的生日。

——美茵校区三（1）班 程果

爱，让我们共同成长

◎ 兰蕴芳

作为教师，我希望每一个孩子都可以在生活和各项活动中时时感受爱，认识爱，学会爱。

生活中，我们总以"我都是为你好"借口，为孩子们做好了我们认为应该做的一切，但总会由于没有考虑孩子们的想法，结果事与愿违。本学期初，学校开展"戏剧进课堂"的活动。我们该选择什么内容呢？我和赵老师先讨论了一番，拿出方案，和孩子们共同探讨，最后全票通过，一起排演课本剧《守株待兔》。尊重孩子们的选择，把孩子们当朋友，有事共同商量，通过选定节目，一下子就把全体学生的心拉拢到节目的筹备中来了！确定了内容，接下来就是招募小演员了！农夫、兔子、小草、大树、小鸟，孩子们自愿报名！不着急，让孩子们下午放学回家和父母商量一下，共同为孩子们选个角色，家长们也参与其中了！第二天一大早，孩子们就开始争相报名，没有角色的同学自主组建道具组、蔬菜水果团，每一个孩子都是班级的一分子，都能在活动中找到自己的"位置"，积极参与，共同努力！

孩子是处于发展中的人，每个孩子都有发展的可能和潜力。记得一次教师培训中，讲师教我们要学会当一个"懒"教师，把事情大胆地交给孩子们，他们往往会带给我们很多的惊喜！以前，我总觉得孩子们小，什么事情都想掺和，甚至包办。这次，为了充分调动孩子们排练的积极主动性，我和赵老师给每一个组都选了小组长，小组长负责本组小演员的动作、台词、道具。对于节目，孩子们有自己的想法，他们所需要的是我们多鼓励，稍微点一点，正确引导，他们智慧的小宇宙就爆发了！他们主动交流，沟通台词和动作的设计，互帮互助制作道具。他们的观察力、理解力、想象力、语言表达力以及形体表现力都得到了提高。

利用家长群，我们将此次活动发了公告，邀请家长们参与其中，共同讨论排练时间、场地、服装……每天工作之余，大家在群里热热闹闹地为孩子们出谋划策。在家长们的努力下，孩子们的服装也置备齐了。每次放学后开始排练时，孩子们总是激动地问："老师，我们可以去换衣服了吗？"他们水汪汪的大眼睛眨巴着，充满期待。换完衣服，优雅的小草、可爱的小白兔、憨厚的农夫、活泼的小鸟、茂盛的大树便迈着欢快的步伐从走廊另一头飞来了！看着他们那么开心，我心里真幸福。这都是家长们的功劳啊！节目的排演、道具、妆容……得到了太多家长的帮助和支持。我们虽最忙碌，但最幸福！

以一台戏剧为契机，把全班所有同学的心牵起来，让家长们之间增加更多的联系，让孩子们在充满爱的环境里成长，我想活动的目的已经达到了。

校长心语：班主任运用智慧，鼓励学生积极主动参与节目的排演，以活动为契机，让孩子学习人际交往和相互合作；班主任善于沟通，智慧引领家长积极参与学校活动，从而得到更多支持。营造的这充满爱的教育氛围，也透露出教师的精彩！

爱的回声：

赵老师和兰老师在自己平凡而辛苦的工作中，带着满腔的爱心和我家孩子一起欢度生日，老师们精心为孩子准备了生日PPT，又准备了丰富多彩的节目，在温暖、祥和的班级大家庭中，孩子们犹如可爱的小天使，在美妙的生日祝福中，尽情地欢呼歌唱，两位老师用真诚的爱感染着孩子们，陪伴孩子们度过自己最幸福的时刻。

在这里我要真诚地说一声：老师们，你们是孩子的第二个母亲，孩子们有这样充满爱的老师，我感动，我骄傲！衷心祝福老师们开心快乐！

——美茵校区三（1）班　程果家长

因缘相聚　携爱而行

◎ 张纪萍

有一种配合，叫心照不宣；有一种默契，叫心心相印；有一种合作，叫珠联璧合；有一种安心，叫一切有我！美茵三、四、五年级组的19位"家人"因缘而聚，携爱而行！他们温暖相伴，勇于担当，共同书写着一个个感人至深的爱的故事！

这个周末对我们年级组薛老师来说有太多的不得已，由于家里的突发状况，他再三考虑后不得不请一周的假。

周一早上要升旗，大家和往常一样早早地来到学校。7：45，赵校长、马主任便召集来了我们年级组所有语文老师，在三楼办公室召开紧急会议。

他们把薛老师要请假的情况简单说明后，7位语文老师便马上拿来了各自的课表与薛老师所教班级课表进行比对！

"周二上午第三节我没课，薛老师的这节课我上吧！"

"周四下午第一节我来上！"

"今天下午第二节我上！"

王姐更是自告奋勇："今天早上这第一节就由我来上吧！这个班的情况我比较熟悉，今后他们班的复习进度、内容我来安排，资料我也会给大家都备齐，该谁上课了提前到我这儿来取就是了！"

……………

也就三到五分钟的时间,薛老师一周的语文课便被我们"一抢而空"!

和赵校长、马主任一样,每每回想起当时的场景,我心中仍是满满的感动!

为了保证上课质量,我看到丁老师楼上楼下来回几趟,找上节上过课的郭老师问教学进度、效果,问王姐下节课的教学重点,之后又特意找王姐商量是否可以对该课时内容做个小小的调整;我也看到郭老师为了上好这一节课,提前两天进行备课,她开玩笑说担心自己教三年级的水平教不了薛老师的班,所以要更努力才行;我更看到李老师、陈老师、赵老师在课余时间认真批改作业,并帮忙填写、整理着薛老师班的演讲稿及其他资料……

在走廊上遇到教英语的郭老师,她拉着我跟我说:"我们4位英语老师也想做点什么,如果有我们能干的尽管说!"

司马老师更是在完成两班数学教学任务的同时,"独霸一班",享受着独自做"老班"的忙碌与幸福!

也是在这一周,我校"青年教师汇报课"活动进入到最后的关键期,参与讲课的程老师在积极准备赛课之余仍然要求一定要上好薛老师的那节语文课。我们劝她先忙自己的课,她却说:"大家都去帮忙了,我哪能只忙自己的?薛老师这一节课我会好好准备,我能上好的,放心吧!"其实我们都清楚,从上周起,她家的俩宝宝就相继开始生病,一个正住院,一个在家调养。做妈妈的她每晚下班后都要家里、医院两头跑。早上在办公室,也会无意中听到她说要去洗把脸,我们知道那几日她每晚都是在医院度过的,夜里陪孩子,困了累了只能在病床边趴上一会儿,第二天一早又直接从医院赶到单位上班!有几次我们看她太累,就劝她请假歇歇,她总是微笑着摇摇头:"没事,我能行。"我们都知道,她那是不想给同样要参与赛课的搭档及我们大家添麻烦!

程老师和黄老师这对年级组里的最年轻的姐妹花、好搭档，在特殊时期总是能做到互帮互助，共同进步！作为青年教师，两位美女勤奋、上进、有思想、敢创新！相信在学校这个大家庭里，她们的成长会更快、更稳！

这样的故事还有很多很多，这些可亲可敬的"家人"，共进退，勇担当，相伴的温暖让工作的疲倦在阳光般的积极心态面前黯然失色！他们因缘相聚，携爱而行，共同创造着他们更精彩的明天！

校长心语：教育，需要事业和理想，更需要脚踏实地的践行者！美茵三、四、五年级的"家人"们面对问题积极研讨、共同应对，常规工作兢兢业业、追求完美！他们在"爱"的路上，正以"行者"的姿态实现着"精彩人生"。

爱的回声：

太阳的脸已渐通红，我们迎来新一天的旅程！

身后回响起"爱"的歌声，那是我们在学校"精彩"的见证。

猜灯谜、放风筝、足球赛、围棋赛，

我们玩中学习、强身健体、拼搏努力、快乐无比！

数学节、"读书三仕"、戏剧节、家校联欢，

我们养成好习惯、乐学善思、倾听表达、多才多艺！

爱育精彩，美丽绽放，

学校的幸福时光是我们童年的华章！

——美茵校区三（2）班　张浩宇

爱，是最好的教育

◎ 马晓莹

世上有很多东西，给予他人时，往往是越分越少，而有一样东西却是越分越多，那就是爱！作为一名教师，面临的是一群天真无邪、渴求知识、有着五彩斑斓梦想的孩子，对他们更应该给予无私的爱。唯有爱的雨露才能催开最美的花朵；唯有爱的交流，才能搭起师生之间心灵的彩桥。我们的事业是爱的事业，我们的教育就应该像春风那样慢慢吹开学生的心扉，就应该像春雨那样"随风潜入夜，润物细无声"。

去年我带二年级的数学，对于习惯于教高年级的我来说，刚开始接触低年级的学生的确很不习惯。最开始，我经常批评他们，时不时被他们气得大吼，有时也会惩罚他们。结果，孩子们对我的严格非常害怕，看我的眼神充满了敬畏，可是该犯的错误一点也没减少。我发现这样做不对，不利于师生感情的交流，也不利于孩子们的成长，更不利于他们学习习惯的养成。于是，我改变教育方法，首先通过激励的方法培养他们对学校生活的热爱和对学习的向往，然后通过举事例、讲道理，在恰当的时机进行说服教育。我在班级制定规范，要求全体学生严格遵守，如果有学生犯了错误，先请全体学生一起评价，说一说他为什么错，该怎么改，让学生换位思考，从中体验得失，自己吸取教训。渐渐地，孩子们懂事了，班风学风加强了。马悦然的妈妈说："马老师，我家孩子既怕你，又喜欢你！"刘浩博的家长说："马老师，我喜欢你的教育方法，既严格，又不泯灭他们的天性。孩子们跟着你学习很快乐！"听着家长的评价，我很高兴。其实，我也要感谢这群孩子，是他们让我明白了什么是真正的严格。

爱学生就要尊重学生的人格，建立平等的师生关系。每个学生都是一个独立的人，拥有独立的思维。因此，教师必须努力让自己的教育和教学适应学生的思想和认识规律，绝不能把自己的意志强加于学生。尊重学生的人格，就要充分理解学生、信任学生、欣赏学生，呵护学生的创造潜能，切勿伤害学生的自尊心和自信心。对学生多一些鼓励，少一些训斥；多一份肯定，少一份否定；多一点表扬，少一点批评。对学生要真诚，真诚地与学生交往，给学生以真诚的关心和帮助，只有这样，才能成为学生心目中真正的良师益友。

前不久发生的一件事情让我明白了尊重学生人格的重要性。那天发牛奶，本来23个同学报名，却领了24份牛奶，肯定有个学生没有订牛奶却领了。我让领了牛奶的学生坐好，然后点名，结果冒领牛奶的是小花。这个女孩昨天见同学们喝得很开心，自己也想喝，跟班主任说了，但是家长还没有报名，她今天自己就领了牛奶。她站起来，孩子们纷纷说："交了钱才能喝。"小女孩脸色紧张，汗都吓出来了。我看着她那紧张的样子，心里想：该怎么处理？简单粗暴地呵斥一番，肯定能起到"杀一儆百"的作用。可是她本来也不是故意要冒领的，可能自己都没有发现自己犯了错误。不批评，也不行，那班上会有更多冒领的现象，甚至还会出现其他事故。我想了想，对她和全班同学说："哦，我明白了，小花以为自己订了牛奶，所以才领了牛奶。可是妈妈还没有交钱，这样吧，今天老师的牛奶给你喝，你妈妈交了钱后，你再还一瓶给我，好吗？"说完我冲她笑了一下。小女孩紧绷的脸马上放松了，也露出了笑容。全班同学都纷纷点头，看来，这件事情的处理，孩子们是认可的。其实，这本来也不是什么大问题。同时，我也认识到，小孩子犯错误肯定是有他自己的原因的，理解他们，帮助他们度过人生的急流险滩，这就是老师真正的职业使命！

　　校长心语：师爱是一种激励学生个性和谐发展的无可替代的教育力量。爱是春雨，能滋生万物；爱是桥梁，能沟通师生的心灵。有了爱，师生之间就能坦诚相见，心心相印；没有爱，就没有真正的教育。对学生的责任感是每个教师所必备的，热爱学生又是教师献身教育事业、搞好教育工作的原动力。对孩子多一份爱吧，因为在给予的同时会多一分收获；对孩子多一份责任感吧，因为只有这样才不会愧对"教师"这一称号。

爱的回声：

　　"老师们最大的幸福就是看到孩子们的成长！"这是学校一位老师的真心话！学校实现着活动与教育两手抓，通过各种活动与比赛丰富了孩子们的生活，增强了他们的团队意识，提升了他们的集体精神……最为宝贵的是他们曾经的这些经历将为日后的成长起到不可估量的积极作用！"读书三仕"与"口算比赛"等教学活动的开展，让孩子们在学习上不仅不受影响，反而与其他活动齐头并进，真可谓"爱育精彩"教育理念的完美演绎！

——美茵校区三（2）班　吕鑫源家长

爱的力量

◎ 郭琳歌

我相信这样一句话：给孩子一个微笑，他会给你一个明媚的春天。它时刻提醒我，要爱学生，因为只有在爱的雨露下成长起来的孩子才是健康的。

两年前，我担任了这个班的语文老师。这个班上有个学生，胖乎乎的，能说会道，是个挺可爱的男孩子。可是在学习方面他给人的感觉就没那么好了，上课时思想老是不能集中，做作业时动作很慢，老是磨磨蹭蹭，而且不肯动脑筋，家庭作业经常不做，即使做了，也做不完整，书写相当潦草，组长每天都向我告状。于是，我找他谈话，希望他能遵守学校的各项规章制度，以学习为重，按时完成作业，知错就改，争取进步，做一个人见人爱的好孩子。他口头上答应得好好的，行动上却是"勇于认错，坚决不改"，依然我行我素，毫无长进。每次我都要被他气晕了，但又觉得身为班主任，不能因为一点困难就退缩，我要对得起自己的良心，我要尽最大的力量去帮助他！

"一把钥匙开一把锁。"我想自己必须坚持，要用我的行动告诉他：老师很看好他。课上，当他不看我的时候，我会用语言提醒；当他又走神专注于自己的小世界的时候，我会走到他面前，轻轻地帮他把书扶正，用善意且略带责怪的眼神看着他；当他端正坐好后，我就会及时表扬他。课下，我会耐心地辅导他没有记住的知识，几乎每天我都会对他说："在老师心中，你非常聪明，只要你集中注意力，你可以做得很好的，相信我。"他很诧异地看着我，说："老师，我基础很差。""傻孩子，基础差没有关系，你这么小，一切都来得及，而且老师会尽心尽力地帮你。"我很肯定地对他说。后来，他主动告诉我，其实他想做个认真听讲的好孩子，只是不知道自己为什么老是走神，也不知道自己在想什么。他还说，爸爸妈妈平时工作很忙，所以无法辅导他作业，他希望我帮帮他。听他说到这里，我真的很内疚，身为一个班主任，却没有做到一开始就试着去了解他。从此，我们两个约定，他先试着每天提醒自己专心听课20分钟，然后随着时间的推移再一点点增多；我会在课下帮他辅导，每天都关注、关心他的一切。

就这样，我们俩共同努力着，终于，他在一次考试中考了90分。我在班里隆重地表扬了他，他的脸上也露出了些许自信。之后的一次月考中，他考了满意的分数，我非常欣慰，也很钦佩他的能力，我给他颁发了特别为他做的"最佳进步奖"证书，还奖励了一个本子给他，并在首页写下了许多鼓励他的话，渐渐地，他在纪律方面也好了很多。现在，他的字写得比以前漂亮多了，而且知道自己学习了。虽然有时他还会很调皮，但是我知道他在进步，而且我也会一直坚持去关注他。我不知道能为他做多少，只希望他能够越来越优秀。

每个学生身上都有优缺点，学困生也并非一无是处，对于学生身上表现出来的哪怕很微弱的闪光点，很微小的进步，我们教师都要及时加以引导肯定，尽量挖掘其闪光点，使他们产生欣慰、幸福的内心体验，增强荣誉感、自信心，提高学习的兴趣与内在的动力。当一个孩子对学习有了兴趣与动力，他的提高就变得轻松、容易多了。

有时我在想：老师的举手投足、音容笑貌，都应体现在对学生的尊重和信赖上。只有做到态度和蔼，语言亲切，神态热情，才能做学生的良师益友，学生才能亲其师，信其道，学其理。

正如陶行知先生所说："不要你的金，不要你的银，只要你的心。"当我满怀爱心去对待学生时,我已在爱中获得了爱,那爱甜甜的,沁人心脾,回味无穷。

校长心语: 当学生犯错误本该受到责罚时,如果我们以"假如我是学生"的情感去体会孩子的内心世界,以童心去理解他们的"荒唐",宽容他们的"过失",有礼貌地对待他们,让他们时时体验到一种高于母爱、超越友情的师生情,这就可能成为学生改正错误的内在驱动力。

爱的回声:

自从去年转到这所学校后,妈妈就说我进步很大。我喜欢参加"精彩两分钟",它使我敢当众讲话了;我喜欢参加学校的活动,它提高了我的人际交往能力、组织能力、团队合作能力等;我喜欢班级内的家长讲堂,可有意思啦;我还喜欢学校的社团。我最喜欢的就是踢足球,每次踢球回来,妈妈总说我越来越帅,变得阳光了,说得我都不好意思了。我喜欢我们的新学校!

——美茵校区三(3)班 韩致远

"爱育精彩"不光让孩子精彩,也让我们家长同孩子一起成长、精彩!爱是包容、支持、鼓励和陪伴,爱是学会用完美的眼光欣赏这个不完美的孩子。自从明白了这些后,我们不再轻易急躁,不再轻易生气,我们竭尽全力成为我们所希望孩子成为的那样的人。于是,我们开始读书、运动,参加一些培训班,积极参与学校组织的各种活动。随着我们的改变,孩子也在悄无声息地进步。"爱育精彩"让我们全家受益匪浅,我们还要继续身体力行,一直沿着这条大道走向光明的未来!

——美茵校区三(3)班 韩致远家长

甜甜的幸福

◎ 程婧婧

要像对待荷叶上的露珠一样小心翼翼地保护学生幼小的心灵，晶莹透亮的露珠是美丽可爱的，但十分脆弱，一不小心，就会滚落破碎，不复存在；学生的心灵，如同脆弱的露珠，需要老师的倍加呵护。

从踏入教师这个行业，我就相信这样一句话：爱是教育的灵魂，只有融入了爱的教育才是真正的教育。我想教师的幸福感也源自心中有爱，正是有了爱，才有了教育教学工作中的点滴芬芳。

两年前刚接到现在所带的班级时，面对56个活泼好动、性格迥异的孩子，如何拉近与他们的距离，快速走进他们的内心并让他们喜欢我，成了我首要解决的问题。有一天，我在批改作业时，发现有些学生的作业本都快散了，于是自然而然地拿起办公用的订书机将其订好。这件事情我并没有放在心上。

但是，当我再一次批改作业时，发现孩子们有的在作业后面写着"程老师，你真细心""谢谢你，程老师"之类的感谢语，有的在本子里夹着一张可爱的贴画送给我……看到这些，我感动极了。随后上课时，我在黑板上写下了"我们是温暖、团结、友爱的58人大家庭"。当我转身的一刻，孩子们把惊奇的目光投向我，我知道这目光是真诚的、发自内心的。我微笑地对孩子们说："我想成为你们的好朋友，让你们喜欢和认可我，你们愿意吗？"教室里顿时响起热烈的掌声。从此以后，我们师生之间的距离近了好多，孩子们也没有初见我的畏惧了。课余时间，孩子们时而会和我拉拉手，时而会说"老师，我给你捶捶背吧"，有时也会向我倾诉与好朋友之间的不合，希望得到我的帮助……看着班级凝聚力不断地增强，看着孩子们对我敞开心扉、无话不说，感受着孩子们对我的喜爱，我由衷地感到：可爱的小精灵们，你们长大了、懂事了！老师和你们共快乐、共成长！

今年"六一戏剧展演"那天，我嗓子哑了。每当我用嘶哑的嗓音在歌剧院门口组织学生集合以及和家长沟通路线时，家长志愿者朋友都会示意孩子们安静下来，然后静静站在旁边，给我创造安静的氛围，尽量让我能小点儿声音说话。家长不经意的几个眼神、几个动作让我感动。傍晚时分，当我带着倦意到家时，一条短信传来："程老师，积翠南街的一个店里有种糖对治疗嗓子嘶哑很有效……"看到这里，我的心中涌起一股暖流，一条短信在我手中的分量如此之重——这不仅仅是一条短信，更是家长对我认可的一片心意呀！这一瞬间的感动，让我拥有别样的幸福。

教育不能没有情感，没有爱就如同池塘没有水。我愿做爱的传播者，把每一粒爱的种子播进学生的心田。当我满怀爱心去对待学生时，我已在爱中获得了爱。

校长心语：当我们把每一次感动揉进心灵深处时，我们就会喜欢这份职业。教师的言传身教才有说服力，才能起到潜移默化的作用。学校、老师、家长三方的有效结合一定能促就孩子更好地成长。让我们在生活中捕捉每一次感动，去品尝教师那份独特的感动吧。

爱的回声：

  记得有次老师给我们几个爱美的女孩子梳小辫。只见她面带微笑，手轻轻地抚摸着我们一头乱糟糟的头发，眼里没有一丝的嫌弃和不耐烦，温柔地把我们的头发拢在一起，按照我们的要求编出各种各样的小辫，那对于我们来说，简直就是一种享受……其实我是故意把头发弄乱让她梳的，因为我特别喜欢她给我编的麻花辫，比妈妈编得还好看。我们的小心思她其实都知道，但从不点破，因为她爱我们！

——美茵校区三（4）班 姚宣羽

  记得孩子刚入校时，学校的基础设施还不完备，虽然很认同学校"爱育精彩"的教学理念，但是我的心中还是画满问号。短短三年弹指而过，现代化标准的校园呈现在我的面前。当孩子兴高采烈地描述在操场上举办的运动会、在报告厅里举办的音乐节时，我想这些不正是学校在"爱育精彩"的理念下开展的实践活动吗？正是老师用心对待孩子，孩子才能充分发挥自己的潜能，对校园生活充满期待。

——美茵校区三（4）班 杨尚果家长

一节"临时"班会

◎ 李 洁

每个班主任在工作中可能都会碰到一些棘手的学生问题,那我们怎样处理才能做到既保护学生的自尊心,又能让他们认识到自己的错误呢?

在日常的班主任工作中,针对学生的一些不好行为,我们会进行批评和处罚,但是不管采取什么样的措施,都必须以尊重学生为前提,以学生接受为目的。因为只有这样,教育才能呈现出有效的一面。

课间,我正在洗漱间洗手,忽然班里有几名学生跑来说:"老师,小龙和小萌偷拿了讲桌里的玻璃球,有同学亲眼看见的。"

会有这样的事?我想了想,没有多说什么,只是悄悄地告诉孩子们先帮老师保密,还有"偷"这个字眼可不怎么好听,在没有调查清楚之前最好不要这么说。学生们点了点头后就一起离开了。

我觉得有些不可思议,小龙和小萌平时的表现很优秀,也是班里的两名班干部,一直都是我的得力助手,这件事应该不会发生在他们俩身上吧?可是无风不起浪,既然有同学这样说,肯定有原因,我该怎么办呢?真的很矛盾:直接找他们俩吧,他们是班干部,平常在班级工作中表现一向都很不错,在同学中也都有着挺高的威望,所以自尊心比其他小朋友都更强一些。而我也不想给他们的心理造成过多的负担,影响他们以后的班级工作和学习,毕竟学生都想把自己最优秀的一面呈现给老师看。可不找他们吧，这件事确实也挺不好的，出现错误了，应该给他们指正出来，让他们认识到自己的错误，而且对于小学生来说，班干部犯了错误，可以算得上是一个大事件了，学生们都在盯着老师，等待着老师去处理呢，我不能让学生觉得我处理事情不公平，班干部犯了错误老师就不管了。

思来想去，得出一计。

下午第三节是我的数学课，临时改成了班会课。我简单开了一个头，就直接引入了正题，半开玩笑说："最近发现我们讲台里的玻璃球不停地离奇失踪，经过我的调查，原来是我们班的同学想玩儿，就'借'走了。"我故意把"借"字拖得很长，"可你们也太不客气了，借我的东西居然也不通知我一声，还真没把自己当外人呢！"说到这儿，有些学生悄悄地对视一下，然后便低着头在那儿偷偷地笑，也有几个脸蛋红红的，默不作声，还有一些学生正时刻注意着我的表情，猜测接下来会怎样。"这样吧，我最起码得知道有多少人借了我的玻璃球，所以我得统计一下，现在请每个同学拿出一片纸，如果你借了我的玻璃球，就在纸上写出你借的个数，如果你没借过，就在纸上写一个"0"。名字嘛，可以写，也可以不写。"

几分钟后，我拿到了这些纸条。我看了看收上来的纸条，有七八个学生"借"过讲台上的玻璃球，其中有两张纸条上写的名字是小萌和小龙。小萌还在纸条上写下了一句：老师，我错了。我抬起头，看了他一眼，而他好像知道我正在看他的那张纸条，他很快低下了头。看到这样的结果，我知道我没有信错他们。

班会最后，我告诉我的这群孩子："我们班有这么多同学没有拿过讲台上的玻璃球，我为你们感到高兴；拿过玻璃球的同学能告诉老师实话，我更为你们感到高兴，老师为有你们这样诚实的学生感到骄傲。当然，除了让老师感到高兴，还有一名学生让老师有些感动，因为他不光在纸上写下了自己的名字，还写下了一句：老师，我错了。通过这句话，我知道他是一个有勇气去面对自己错误的孩子，而这句话也是他给自己下了一个改正错误的决心。"说完这句话，我对着小萌笑了一下，而这时他的脸蛋变得更红了，同时他也还我一个甜甜的笑，也许只有我俩懂得其中的含义。

"现在，老师正式宣布，从今天起，班里的玻璃球对外开放，以后谁想玩就玩，只要你提前到小萌和小龙那里打个报告就可以了，千万不要让我再开班会了哟！"

最后，在雷鸣般的掌声中，我们结束了这次特殊的班会。

校长心语：成功的教育应该是润物细无声的。李老师通过一节临时的班会，让我们看到了她在班主任工作过程中的"细心""爱心"与"用心"；通过一节临时的班会，她既很好地保护了孩子脆弱的自尊心，又有效地处理了班级出现的问题。

爱的回声：

我是一个快乐自信、爱读书的学生，每次上课都能看到我踊跃发言的身影，而且我也得过许多奖项，连续三年被评为"三好学生"。

学校为我们的一切着想，开展了很多有益的活动：有"让爱飞扬""读书三仕""飞扬的红领巾"等各种活动，这些活动使我们感到快乐、充满激情。

——凝碧校区三（1）班　张玄哲

改 变

◎ 李育晓

曾几何时，突然有这样一种疑惑：我作为一名教师是否合格？随着时间的流逝，发现自己面对那些所谓的"问题学生"越来越失去耐心，所体验到的成功乐趣越来越少了。我静下心来，想到自己的教育之路还很长，必须要有所作为，要么改变学生，抑或改变自己。

"老师，小涛他又欺负我！"我刚走到教室门口，就听到有学生来告状，简单询问了事情的缘由，还没等我批评教育，小涛就怯怯地对我说："老师，我错了，我已经向小浩同学道过歉了。"看来他已经认识到自己的错误了，我也就没有过多地批评他，只是对他说："以后遇到类似的问题，要学会控制自己的情绪，要学着和同学们和睦相处。"小涛听了乖巧地点了点头。

回办公室的路上，我在想：这个小涛，其实是个挺聪明的孩子，但就是自制力太差，经常惹是生非。比如课堂上，注意力不集中，做小动作，还经常扰乱其他同学上课；课间，常常跟同学们追逐打闹；集体活动时，没有一点儿集体主义观念；做家庭作业马虎，字迹潦草……一味地批评，势必不会有很好的效果，怎样才能扭转这种现象呢？我陷入了沉思……

很快，一件微不足道的小事让我发现了小涛身上的闪光点，从而改变了大家对他的看法。我们班的班级日志是由值日班长统一保管的，这一天正好轮到小涛同学担任我们班的值日班长。中午"德育十分钟"时，搭班李洁老师刚刚强调过，每一名值日班长都要妥善保管班级日志，不能让它破损。下午第一节下课后，小涛同学就迫不及待地跑到办公室对我们说："老师，老师，你们看，我给咱们的班级日志包了个皮，这样就不会损坏了。"我听在耳中，喜在心里，终于发现可以表扬他的事情了。我立刻在班级里表扬了小涛同学，并极力赞美了他关心集体、为班级着想的好行为。此后的几天里，小涛的表现确实有所进步，课堂上的小动作减少了，偶尔还能举手回答问题，家庭作业也明显进步了，我暗自窃喜，效果还是蛮明显的。可是没过几天，他的"老毛病"又犯了，我很生气，同时也有些失望，不想再管他了，但是我又想如果我放弃了，他也许就会彻底变成一个所谓的"差生"了。接下来的一段时间，我着实动了一番脑筋，只要发现小涛有一丁点儿的进步，就会及时进行表扬：

"今天课堂上小涛的坐姿最漂亮了。"

"今天小涛的作业最认真，字迹最工整。"

…………

一句句鼓励的话语，一个个肯定的眼神，都使他默默地改变着。

慢慢地，我发现小涛确实和以前不太一样了，我虽然高兴，但是又担心他坚持不了几天，不过令我兴奋的是，课堂上的他能聚精会神地听讲了，课间和同学们也能玩到一起了，看见地面的垃圾也能够主动捡起了……我心里有一种说不出的喜悦！

小涛的改变给我的启示颇深，改变小涛的同时我也在改变着，工作更耐心了，不会再给学生贴标签了，开始细心观察每一个孩子，捕捉他们身上的每一个闪光点，及时把赞美送给每一个学生，孩子们也愿意靠近我说这问那，刚参加工作时的那种幸福体验又回到了我的身边。

教育学生的同时又何尝不是在教育我们自己！

校长心语：教师一句激励的话语，一个赞美的眼神，一个鼓励的手势……往往能带来意想不到的收获。教师对学生小小的成功、点滴的优点给予赞美，可以强化其获得成功的情绪体验，满足其成就感，进而激发学习动力，培养自信心，促进良好心理品质的形成和发展，有助于建立和谐的师生关系，营造一种奋发向上的班集体氛围。请多给学生一点赞美吧，因为他们明天的成功就蕴藏在你的赞美之中。

爱的回声：

几年来，孩子是怎样从懵懂无知的小毛孩儿蜕变成一个多才多艺、阳光优秀的大孩子呢？

每逢"精彩两分钟"之前，孩子就像小大人似的自己选材料，反复演练；学校开办的舞台剧展演、六一音乐会、值日班长等各种寓教于乐的活动，从多方面培养了孩子的才艺，也激发了其学习兴趣，起到了事半功倍之效。

——凝碧校区三（1）班　李宜洛家长

特别的爱给特别的你

◎ 孙利娜

那天在报告厅听江苏省昆山市葛江中学于洁老师的报告时，好多人都真真切切地被感动、被震撼了，而我的心头也涌上一股热浪，一个个熟悉的名字喷涌而出，一段段难忘的经历瞬间清晰……

记得于洁老师说过，在她的教育路上，学生的身心健康永远是放在第一位的。我想，这一点也是学校每一位老师都在躬身践行的事业。

正如于洁老师讲到的，每个班级里都会有几个"特别的你"。我们班里的小鹏和婷婷就是这样的"你"。小鹏父亲去世，母亲改嫁，他和年迈的爷爷相依为命。婷婷的养父残疾，养母去世，全家唯一的经济来源就是哥哥的工资，而哥哥也已经有了自己的小家庭。这样的家庭状况给孩子带来的是一系列的问题。

记得小鹏在父亲刚刚去世后的那段日子里，课堂上萎靡不振，有时候会突然眼圈泛红，而课下则是经常违反纪律，不写作业。我每次试着和他谈起他的家庭时，他总是说没事儿；当他犯错我找他谈话时他又是一副无所谓的样子，过后照犯不误。我知道，这是一个自尊心极强而又性格倔强的男孩，要想打开他的心扉绝非易事，于是，我思量再三决定"润物无声"。

每天早上到校，我会关心他的早饭吃好了没有，如果看到他精神不好，就会把自己带的早点找个借口送给他。平常看到他缺少哪些物品了，我会偷偷准备好，找到合适的机会将其作为奖品奖励给他。当他不再为缺少学习物品犯难时，我觉得充分发挥他的特长，实现他的价值，让他找到自己在班级中的存在感是接下来要做的工作。于是，我和其他任课老师商量，无论谁的课堂，都要有意识地给他创造机会，让他展示自己，帮助他树立自信。慢慢地，小鹏脸上的笑容越来越多，也愿意和我谈起他的家庭了。于是，我寻找时机给他讲一些励志的名人事迹，告诉他无论人生遭遇什么不幸，都要勇敢面对。渐渐地，他不但能完成自己的任务，还能主动帮助其他同学，和同学的相处也越来越和睦。

婷婷是个比较文静的女孩，因为家庭的原因她有点自卑，但同时她又有着强烈的自尊心，这种敏感的心理使得她和班里其他孩子们相处得不是很好。看到这些，我也能猜得到她在家里的处境了。其实，这样的孩子缺少的是他人的认同。于是，我寻找她的各种闪光点在班级里大力表扬，以引起其他同学对她的正面关注。而后，我又利用她的一手工整漂亮的字给她安排了一个小组长的职务。慢慢地，她对待工作的那股认真劲儿让其他同学对她有了好评。这时，我就私底下时不时地把同学对她的好评传递给她，而她的笑容也在和其他同学的交往中越来越灿烂。解决了和班级同学交往的问题之后，我就找她谈心，告诉她怎么在家庭里生活，怎么去赢得哥哥嫂嫂的支持。她是个敏感的女孩，对这些问题是一点就透。终于，家长会上，我看到了她的嫂嫂，会后她的嫂嫂还找我谈了好长时间，并且向我请教怎么提高婷婷的学习成绩。我知道，她在家里的处境好了起来。看到这些，我放心了。

作为一名教师，无论何时，自己对学生的爱都应是发自内心的，我关心学生不是为了学生的学习成绩能获得立竿见影的提升，而是为了让这个孩子获得生活的信心和对生命的热爱。面对这群可爱的孩子，我会用心去爱他们，努力成为他们人生中的幸运星。

校长心语：于洁老师讲过一句话："面对特别的你，只有把特别的爱无偿地奉献给那些特殊的孩子，采用灵活多样的教育方法，不断地探索、创新，才能使我们的教育收到事半功倍的效果。"孙老师用自己独有的细心、耐心、爱心影响着孩子们，用智慧诠释着爱的真谛。

爱的回声：

2015年，我加入了学校的足球社团和管弦乐团；2016年，我参加了戏剧展演、足球赛和管弦乐团的排练。

足球队的体能训练很辛苦，但是能和小伙伴们一起在绿茵场上踢球，我感到很快乐。参加足球赛，我既紧张、害怕，又很兴奋。后来，更意外地收获了足球小将的荣誉，这激励我更加努力，为班级争光。管弦乐团的排练很辛苦，但我从中感受到了音乐的魅力，锻炼了毅力。戏剧排练我演大树也很累，特别是胳膊，但是收获了掌声，收获了自信。

——凝碧校区三（2）班　李昂

如果说父母是孩子的第一任老师，那么老师就是孩子成长路上的指路明灯。在这3年里，孩子学会了尊老爱幼、团结友爱，学会了坚强、勇敢、认真、细心。最让我欣慰的是，孩子养成了读书的好习惯，这会使她终身受益。感谢学校，感谢老师，给孩子一个这么好的学习平台。

——凝碧校区三（2）班　焦嘉玉家长

只为特别的你

◎ 张新洁

世界上的爱各种各样，教师对学生的爱是单纯而高尚的。作为教师，我们要抓住时机，给孩子适时的关爱，只有这样，班上的每个孩子才能快乐成长，作为老师的我们才会常有笑容相伴。

这个班是我从一年级就开始接手的，带了一段时间后，我发现班里的孩子大多个性鲜明，做事情很有自己的想法，所以有时候也容易任性，个体差异性较大。在平常的教育教学工作中，我尝试着从不同方面给予不同孩子不同的爱，把特别的爱给特别需要关爱的学生。因为我知道，个别学生的问题往往是他们的家庭教育造成的，其实对于这些孩子来说，他们只是在成长的道路上出现了一些小问题，他们更需要老师的关心，家庭、集体的温暖。

就说我们班的小文吧，因为天生贪玩、好动，再加上父母平日工作忙，对他疏于管教，他经常与其他孩子发生矛盾。一天之内，就会有四五个孩子来报告小文骂人、打人。经过一段时间的观察，我发现这个孩子本质并不坏，也没有什么恶意，只是将打人骂人当成一种习惯，管不住自己。同时，我也发现了他的优点，比如说：他字写得好，爱劳动，做事情喜欢找榜样。有一天上课，我发现他和平时不太一样，坐得很端正，字写得工工整整。课下一问同桌才知道，上节课数学老师表扬了他，他很高兴。我明白了，他渴望得到老师的关注和表扬。

因此，在今后的语文课上，只要看到他的一点点进步，我就夸赞他认真，并且让其他孩子给他热烈的掌声。课后我还找他聊天，鼓励他，并且让他做了写字示范小组长，但条件是必须改掉自己身上的一个小毛病，要不无法起到示范作用。我总是从点点滴滴中给他"偏爱"，他自己选择了改掉骂人的毛病。现在，他的字写得越来越好，基本不再骂人啦！还有，我发现他爱向榜样学习，配给他的每一个同桌都有这样或那样的优点，现在他也越来越好了。孩子都天真善良，很期待得到老师的关注，每天下午加餐的时候，孩子们都争先恐后去办公室送加餐。一段时间，我把这个"重任"交给小文。他很重视，每天下午把加餐领回来，他总是抢在第一个把我们的加餐送到办公室，老师不在的时候还悄悄放在抽屉里。只要我在办公室，我都会温和地对他说："谢谢你，孩子！"每次他听到我的感谢总是十分开心，这样坚持了一个学期，他终于重新找回自信，变得越来越好。

后来，我才想明白，这也许就印证了马斯洛的需要层次理论，只有得到了尊重，他才会有自我实现的需要，让自己越来越好。特别的爱给特别的你，不失为转化"问题学生"的一种行之有效的方法。

校长心语：本文事例朴实无华，真诚深情。教学案例围绕"爱"字展开，教师对学生的爱是发自内心的，关心学生不是为了学生的成绩能获得立竿见影的提升，而是为了让这个孩子获得生活的信心和对生命的热爱。特别的爱给特别的你，这是爱的智慧，更是爱的能力。

爱的回声：

在这个大家庭里，有像妈妈般的老师，有像兄弟姐妹一样的同学；在这个家庭里，有良好的学习环境、丰富多彩的课外活动以及有趣的艺术社团。

我在这里无比快乐!

——凝碧校区三(3)班　张博涵

　　3年来，随着北京第二实验小学洛阳分校新教育模式的实施，曹胜柏也从一个懵懂无知的孩子，变成了今天知书达理、快乐健康的少年。孩子通过"精彩两分钟"的展现变得更加勇敢，通过足球社团的锻炼变得更加坚强，通过各类实践活动变得更有责任感。作为孩子的家长，我为孩子有这样的学校和老师感到欣慰，因为你们为孩子的腾飞添加了翅膀，使他们在自己的天空中尽情翱翔。

——凝碧校区三(3)班　曹胜柏家长

小成，加油

◎ 刘茹霞

关爱学生是班主任工作永恒的主题。爱的教育不能没有艺术，只有融入教育智慧的师爱才能得到学生真正的爱。

上学期班里转来一个孩子叫小成，他长得白白净净的，说起话来挺有条理，但就是学习习惯、生活习惯特别差。准备上课了，其他孩子都陆陆续续来到教室并做好课前准备，他呢？时间一分一秒地过去了，我终于看到了汗流浃背的他。下课后，我找他单独面谈，原来他是和一、二年级的小朋友玩，玩得忘了时间。我问他为什么不和本班同学们玩，他却说不熟悉。为了让他尽快融入这个班集体，我特别安排几个孩子专程找他玩，让他能感受到"家"的温暖。

一波未平，一波又起。小组长向我汇报家庭作业完成情况，说小成没有写家庭作业。我不动声色地和组长说把他交给我，同时表扬组长认真负责。我再一次找他沟通，了解到他原来上寄宿学校，一周回家一次，作业都是通过老师发校讯通才知道，根本没有记作业的习惯。为了使他尽快适应现在的学习环境，我建议他准备一个小本子，同时指定两名学生每天督促他记作业。一周下来，终于有所改观，他基本能记住并完成作业。可好景不长，他又返回了原点，不仅不写作业，而且经常迟到。针对这种情况，我及时和家长沟通，谁知家长却说对他要求不高，因此没有太重视，总想着只要他快乐、健康就行。于是，我耐心地和家长讲了一些优秀学生的案例，还推荐他们读一些家教的书，也许是被我的良苦用心所打动，他们欣然接受。

接下来两周安然无事，我心里暗暗念叨一定要坚持呀！希望越大，失望就越大。小组长又来找我说小成的作业不能看，写的那个字好像长满了脚，并且小墨团随处可见。了解到这种情况后，我只能摇摇头。因为字的好坏不是一天两天就能改过来的，需要时间，需要耐心，需要坚持，更需要家长的督促。针对这种情况，我要求他每天练五个字，每字练五遍，必须一笔一画认真地练，没有想到他一口答应下来。为了落实到位，我建议他利用中午时间练字，只要达到要求就可以休息或看自己喜欢的书。如果我中午不看班就叮嘱班长帮我检查，下午汇报结果，根据情况及时给予评价及奖励。又是两周下来，他的作业上的字终于大有改观。我抓住时机，及时和家长沟通，希望孩子在家也能坚持练字，得到了家长的配合。

有一次放学后，因辅导班老师没能按时接他，他主动留下来对我说："老师，我想把今晚的家庭作业在学校写完可以吗？"我毫不犹豫地同意了。这让我知道，在教育工作上，要花点深功夫，如果只用简单的说教很难去改变他。俗话说：冰冻三尺，非一日之寒。所有的学生都不是一天就长成这样的。所以我认为，要让像小成这样的学生在学习上、生活上和行为习惯上有所改变，不能硬攻，只能智取。

对于像小成这种心理年龄幼稚的学生，我认为不能强行把他的习惯扭过来，应该不动声色，有时明知学生这样下去会碰壁，也不要阻拦，而是默默关注，等到学生吃到苦头之后，暗中加以帮助或点拨，这样既不失亲和力又效果明显。适时发现孩子的闪光点并多鼓励，当他做了好事时，应及时加以表扬、奖励。

时间过得真快呀，转眼间一年就要结束了，这个孩子也转变了许多，上课能按时做课前准备，作业能够认真完成，尽管字写得不是很好，但和刚开学比进步了许多，特别是上课发言非常积极。最后，我抓住家长课堂的契机，让他妈妈走进我们的教室，给孩子们上了一堂课。没有想到这位家长这么重视，她不仅打电话和我说她讲的内容，还准备了道具，做了幻灯片，真可谓煞费苦心。

校长心语：任何人都没有力量改变另一个人，但如果你乐于按照一个人的本来面目去接受他，相信会取得意想不到的收获。我们应该充分发挥老师的中心作用，和家长通力协作，来增强对学生教育的效果。让我们都成为一个有智慧的老师吧。

爱的回声：

  学校不仅有丰富多彩的校园活动，让我有机会走上讲台、走上舞台，展示自己精彩的一面，还有关心我、帮助我、培养我的老师，是他们用爱和欣赏让我从一个淘气的小男孩变成了一个努力自信的小学生。老师把知识的种子、做人的道理传给了我，希望我长大后，建设祖国。我长大了也要当一名老师，把爱和知识教给我的学生。

——凝碧校区三（4）班　王思翔

  感谢老师的教育，让孩子知道了给加班回家的妈妈端一杯水，这种孝爱教育是孩子们成长必须要学习的第一课，也是要终身学习的大善；教育孩子借给忘带文具的同学一块橡皮，这种乐于助人之爱，是孩子们快乐健康成长而不孤独的慈善；教育孩子看到老师和长辈要主动问好，是融入家庭和学校的智慧所必备的礼善……用爱生活，人生必将无憾！

——凝碧校区三（4）班　李晨宇家长

孩子，面向阳光吧！

用爱的钥匙打开心灵之门

◎ 付俊祎

天下的孩子千千万，身上的缺点万万千，完美无缺的孩子有没有？没有！孩子，他们只是孩子。他是否美好，取决于教师观察的视角。每一个生命都是唯一的，我们能做的只是用心琢磨，帮助他成长为最适合他的模样。

苏霍姆林斯基曾感叹：从我手里经过的学生成千上万，奇怪的是，留给我印象最深的并不是无可挑剔的模范生，而是别具特点、与众不同的孩子。在每个班级里，学生都耗费了教师尤其是班主任大量的精力和时间，而往往"恨铁不成钢"的焦虑和难见成效的急躁容易让情绪失控，特别容易伤害孩子们的心灵，甚至给他们的人生带来了挥之不去的阴影。

在我的班级里，有这样一个孩子，在接班之前，就有一个老师告诉我："你班里有个孩子挺让人头疼，你可要费劲了。"当时的我哈哈一笑，并没有放在心上。很快，面对着这个上课时可以躺在地上，做任何事都心不在焉，柔柔懦懦却又坚定不移地沉浸在自己小世界里的小男孩，我笑不出来了。

如何改变现状，至少得挖掘出来这个孩子的一些闪光点，我陷入了深思。一番规划后，我抱着不急躁、不拖延的准则，发现问题及时耐心处理，又避免时时紧盯他的缺点。

首先，我耐心观察，以了解他的长处和短处。一段时间后，我发现他虽然怯弱，但是有一颗细腻的心，对于别的同学和小动物特别有爱心。有一次下雨，大课间的时候，他冒着大雨，抓了满满一瓶蜗牛，我听学生们说起的时候，并没有生气，因为我想这是受到课文《蜗牛》的潜在影响。于是，我跟他讲了蜗牛的习性以及一些相关的趣味知识，他便主动提出要把蜗牛放生，并担心蜗牛会不会饿着。望着他那发亮的眼睛，我仿佛看到了一颗纯善的童心。

这样的点点滴滴有很多，每次看到他捡拾垃圾，帮别的孩子做一些小事，我都在班级里及时鼓励，让孩子们接受他，让他找到自己在班级里的位置，成为一个有益于班集体的人。

而几乎每天一个电话和他家长联系，也从更多方面了解了他的家庭环境和他的心理成长过程。虽然他的妈妈总说对他已经没办法了，但是话里除了深深的无奈，还有更多对孩子的期望和母爱。在一次次的谈话中，我帮助他的妈妈树立信心，针对每一次遇到的问题，提出建议，督促执行，并为他制订了一套套针对学习习惯、生活习惯、为人处世方面的计划。

在一次谈话中，他妈妈提到，孩子在家里每晚都坚持画一些奇怪的漫画，还美其名曰《小文学》，我抓住了这个教育契机，让他把他的作品带到学校，利用"精彩两分钟"进行讲解，让同学们对他进行评价。同时，我提醒他的妈妈对孩子这方面多加关注。后来，我还鼓励他把漫画配上文字，带到学校和大家分享。通过一次次类似的积淀，提高了他对语文的兴趣，终于让写作成为打开他心灵的钥匙。

作为一名教育者，我们首先应该与学生之间建立一座心灵相通的爱心桥梁，这样老师才会产生热爱之情，才会与学生产生充满人情味的心灵交融。作为学校这个爱的大家庭里的一名教师，面对孩子，以生为本，尊重每一位学生，传递爱，播种爱，让爱助力孩子的精彩，以爱为匙，打开他们封闭的心灵之门，这样才可以让每个孩子看到春暖花开，为他们的童年抹上更多的色彩。

校长心语：包容，宽容，用心灵去触碰心灵；关注，帮助，用生命去温暖生命。看到每个孩子的闪光点，不是一句泛泛而谈的空话，而是真正以"人无他有"的特点为抓手，全面带动孩子的成长与发展。不求全面进步，着力于局部卓越，帮助孩子树立自信和产生成长的自我需求。打开心灵大门，爱会让孩子更加精彩。

爱的回声：

去年夏天，我在玩的时候不小心扭伤了脚。第二天，我只好带着护具到学校，在我准备排队吃饭的时候，有些同学主动搀扶着我上下楼。吃完饭，我回到教室里，想去接一杯水，就在这时，一位同学对我说："你的脚受伤了，不能活动，我来帮你接吧！"顿时，我的心暖洋洋的。

——美茵校区四（1）班　张越

欢喜冤家

◎ 司马会鸽

美子，一个活泼可爱、对人热情又责任心超强的小姑娘。她为了班级的六一节目在舞蹈方面更出效果，竟然凭着自己那三寸不烂之舌，做通舞蹈老师的工作，让其给我们班孩子做额外指导，这一行为让大家刮目相看。

浩起，一个看似腼腆羞涩的小男孩，言语不多，但属于妈妈一句话说不到点儿上就会立马打翻亲情的小船，被宠溺得不像样的宝宝。

这俩小朋友做了同桌，经常言语不合，一个是热心肠子、爱管闲事，一个是特立独行、不服管教，所以就常常上演唇枪舌剑。美子伶牙俐齿，浩起笨口拙舌，文斗不过就升级为武斗，最后只能由我这个"老班"出马，充当专业调解员，化解危机，让二人重归于好。

这不，前天的"泼水事件"刚刚平息，今天便"狼烟四起"，又开始了人肉大战，我到场时，他们两人，一个泪眼婆娑、满脸委屈，一个手握拳头、直喘粗气。真是一对冤家！

我知道又该我这个调解员上场了。谁知道，还没等我开口，他俩就异口同声地说："老师，我要换同桌！"哈！还挺有默契的嘛。我心里暗暗好笑。

他们开始互相指责，互相埋怨，数落出对方一大堆的不是，争论不休，我不露声色地听完他们的抱怨，问他们："互损完了？"他俩不好意思地点点头,彼此还送去了不服来战的眼神。唉!就这样,今天调解完还有下一次,怎么才能一劳永逸呢?我话题一转:"做了半年同桌,你们难道就没发现对方身上的优点吗?想想看,谁先说出,给谁一个善于发现奖章!"

一阵沉默之后,浩起先开口了:"老师,昨天我的笔掉了,美子帮我捡了!""嗯,帮过你,就记住了人家的好,真不错!"我及时送上了表扬。

"我今天尺子忘带了,浩起主动借给我了!"美子说。"浩起,为你点赞哦!"我略带夸张地说。

"前天我钢笔没水了,浩起把他的墨水借给我了。"

"上次我数学题不会,美子主动给我讲题。"

……………

两个人你一言我一语地互夸着,越讲越兴奋,刚才的不快一扫而光,继而是满脸的喜悦和兴奋,掩饰不住发光的眼神。我看火候到了,就说:"哇!这么好的同桌,真是打着灯笼也难找啊,你们还要换吗?"

浩起羞涩地说:"不换了,其实美子还是挺好的。"美子也不好意思地低着头说:"我也不换了,以前总看到浩起的毛病,其实他也蛮不错的,经常帮我。"

我看目的达到了,就给他俩每人一个奖章,奖励他们善于发现别人的优点。为了巩固一下,让这种美好的感觉持续下去,我又交给他们一项任务——每天给我汇报一次同桌的闪光点,他俩接到任务高高兴兴地回班了。

接下来的时间里,我听到的再也不是指责,而是每天的互相欣赏、互相表扬、互相肯定,以前动不动就剑拔弩张的情况再也没有出现过,遇到问题两人真诚地在一起沟通交流,那种和谐的场面让我无限感慨。今年期末考试两人的数学成绩都破天荒地冲破了90分,我真心为孩子们高兴,不由得感叹他们真是一对欢喜冤家!

当孩子在学校处理不好人际关系时,他们的内心会充斥着烦躁、不满的情绪，继而会把这种情绪扩散给周围的人，极不利于孩子健康成长。作为教师要及时介入，巧妙地予以引导和点拨，让孩子从不同的角度看问题，多发现别人身上的闪光点，让班级充满温情，充满积极健康的正能量！

校长心语：一个班级里，每天都会上演好多场这种同桌之间的所谓鸡毛蒜皮的事情，这种事可大可小，若是胆小腼腆的孩子，忍气吞声也就作罢，若是性格张扬、脾气暴躁的孩子，立马就会引发一场"战争"。老师用自己的机智巧妙地引导孩子从另一个角度审视同桌、赞美同桌，将负面情绪转化为积极情绪，并给孩子一种心理暗示：自己挺棒的，别人眼中的自己也是棒棒的。怀揣阳光，积极向上！有这样的老师，孩子是幸福的！

爱的回声：

爱是春天的雨，滋润着破土而出的小草；爱是夏天的雷，迎来了美丽动人的彩虹。我们在生活中，处处都可以感受到来自亲人、老师、同学的爱。孩子在学校的一次意外，让我感受到了学校和老师是多么关心爱护孩子，真的是亲如一家人！

一天中午我们正准备吃午饭，突然佳奕爸爸接到了班主任付老师打来的电话。说孩子的眼睛被同学无意间用针扎伤了，伤口在眼角附近。现在学校正在联系医院，准备送去急救。天哪！听到这个突如其来的消息，我俩都蒙了，赶紧开车去医院。此刻我心急如焚，一路上都在心里祈祷，希望孩子平安无事。等我们赶到医院的时候，孩子眼睛上的针已经被医生顺利地取了下来，医生说没事，没伤到眼球，真是虚惊一场啊！老师和扎到孩子眼睛的学生家长都在孩子身边，陪着她，安慰着她。看到这里，我再也忍不住，眼泪流了下来。后来听付老师说，是校长和老师把孩子一起从楼上的教室抬到了救护车上。

在这里，我要感谢校长和老师，是你们用诚挚的关爱给孩子安慰和鼓励，并肩沐浴阳光，分担风雨。我会让孩子记住，记住这次磨难，记住在以后的道路上捧一颗爱心上路，一生都生活在爱里！

——美茵校区四（1）班　郑佳奕家长

成就自我的舞台

◎ 王聪聪

　　昨天白天一直在忙，我虽然心中有满满的感动，可一直没有梳理，那就梳理一下近一个月的排练及昨天的展演过程吧！接到戏剧展演的任务是3月底，要求全员参与到演出过程中，导演组、演员组、音效组、道具组等全都由学生组成。我把展演要求布置给孩子们，孩子们都很激动，很快选出总导演、总剧务……

　　但是还缺少总编剧，大家不知道演什么。我让孩子们回家找找资料，一天、两天……快一周了也没有动静。我问原因，孩子们说不知该怎么选择。好吧，有时候太民主了也不行，还是"集中"一下吧！我挑选出几个剧本，缩小范围让孩子们选择，这回很快定下——《我也可以飞》。孩子们在小鸟学飞的过程中认识到：不能一味地模仿他人，每一人都要成为独一无二的自己！

　　剧本确定后，我就到杭州出差一周，搭班陈聪聪老师开始安排时间、地点让孩子们进行排练。一周后我回来，孩子们自己排练得已经像模像样了。

　　调皮的孩子木木，上学期演过课本剧《小兵张嘎》，我建议他当演员，他说："我这次去道具组，我要负责所有的道具。"

　　"为什么？"

　　"我总是给班里惹麻烦，这次就让我自己麻烦一些吧！"

"道具组除了道具，还包括服装的准备啊。"

"没问题！我们几个搞不定就让我爸妈帮忙！我之前给他们惹了那么多麻烦，这次再给他们找点麻烦，不过这麻烦他们肯定愿意帮忙。"

听了这样的话，我只感觉这哪是一个调皮顽劣的孩子，我们的孩子不正是在这一次次活动中认识自己并成长起来的吗？

很快，服装到位，音乐到位……只是演员的表现力有些不尽如人意。导演开始更换演员，各小组内的成员之间因为动作、站位也有了一些相互指责的声音。

问题出现了，怎么办？当然还是交给孩子们处理！中午"德育十分钟"时，我让各组同学畅所欲言，说清问题所在，讨论解决办法，10分钟后一切问题解决。

周三晚上，陈老师在群里邀请家长周五一早到校化妆，妈妈们积极响应；悦悦爸爸又收集照片要为演出做背景PPT……

周四了，蚂蚁的服装出了点问题，木木妈妈租借衣服、购买袜子，忙碌了一天。六只小蚂蚁，木木妈妈买来十双袜子，说是怕袜子磨烂，多买几双有备无患。我表示感谢，可她只说："这都是应该的。"

晚上，总导演浩宇的妈妈按捺不住内心的激动，把自己看到、感受到的孩子们的心路历程编辑成文字发到群中。

周五一早吃饭时，陈老师告诉我家长已经到位，我在三年级开演前赶到教室跟家长们打声招呼后就到报告厅了，此后只能通过陈老师传递到微信群里的一张张照片，感受大家的紧张忙碌。

9：50，我可爱的孩子们来到了报告厅。哇，一个个好漂亮！节目开始了，小鸟、鸟妈妈、鸟爸爸、小蜜蜂组、小蚂蚁组、小松鼠组、小鱼组……佳佳的旁白，浩宇的电脑音乐控制……当"我们都要成为独一无二的自己"的声音响彻报告厅时，热烈的掌声也响了起来。完美的表演，完美的妆容，完美的服装，完美的家长，完美的配合！

这场戏剧展演，我仅仅参与了几次整合排练，进行了一下矛盾的调解，其他所有的一切都是由孩子们自己解决的。感谢我的搭档，感谢我的孩子们整个过程中精彩的表现，感谢我的家长团倾力相助。

走进美妙的戏剧花园，让老师、学生、家长在一起成就自己，创造精彩！

校长心语：孩子的潜能无限！当我们认为孩子不能做或者做不到时，其实是在给他们设定一个不可逾越的障碍。相信孩子，给予他们一个成长的平台，他们会用自己的方式展现美好！

爱的回声：

多姿多彩的学校生活让我们这些孩子每天都在快乐中成长。这不，新的活动——话剧表演又拉开了帷幕。

这次演出是班级同学全员参与，导演、演员、剧务等都需要竞选。为了挑战自己，我主动参加了"导演组"的竞选，并且荣幸地被选上了。我认真研究剧本，进行各种分工，指导排练，处理排练中出现的小矛盾……同学之间的配合越来越默契，表演也越来越精彩！我知道，精彩的背后，是我们全体同学和老师的付出！

——美茵校区四（2）班　曹浩宇

来到学校，我们才体会到环境的熏陶和老师的指引对一个孩子来说多么重要。你给孩子们拓展大量的语文课外知识，你细心捕捉每个孩子在学校的精彩瞬间和细小特点并加以指引……精彩，最能代表孩子在学校的收获。

——美茵校区四（2）班　赵一非家长

用情陪他走

◎ 毛香利

每个孩子的一生中，都只有一次小学生活，而恰好，我，就是他们的老师，这是多么大的缘分呀！我一定要好好珍惜这难得的师生缘分，用心、用爱陪他们走过多彩的童年。

他叫果果，是我给他起的小名，叫起来很亲切，他也很喜欢。接到这个班我最先关注到的就是他，因为他有好多的与众不同。首先，穿衣服总是很另类，周一大家全都穿校服，他绝对没有穿。大冷的天，他外穿一件加厚冲锋衣，里面套一件短袖，一不留神，他就脱掉了冲锋衣，只穿一件短袖，他说："太热。"夏天，他又常穿长衣长裤，问他热不热，他总说："还行。"其次，他对班规班纪总是视而不见，经常是诵读快结束了，他才背个大书包来到教室门口，学校的早餐他总是来不及吃。轮到他值日，组长跑来汇报他的种种"恶行"。他的家庭作业几乎没有做过，问他为什么，他总是很淡定地说："忘了。"

对他，我更多的是一种疼惜：瘦瘦弱弱的一个孩子，穿着不合季节的衣服，他一定很不舒服；每天不吃早餐，他的营养一定跟不上；总是被同学"告状"，他一定没有知心朋友；总是不写作业，他的功课一定学得很辛苦。第一次家长会后，这种感觉更加强烈，他的父母缺席，没有理由，也没有请假。我问他："家长为什么不来？"他说："他们不会来。"语气中有着习以为常的平淡。

家长会后，我电话联系了他的妈妈，诚恳地邀请她来学校聊一聊，约了好几次，她终于来到了学校。

"老师，他在学校又犯了什么错？"这是她见到我问的第一句话。

"他没有犯错，他很好，和孩子接触有一段时间了，觉得孩子有很多优点，有很大的潜质，想趁着家长会和你聊一聊，谁知你却没有来。"

"他有很多缺点，我都不想来学校，觉得很没有脸面。我对他都绝望了。"她妈妈的语气带着些无奈。我需要给她些信心。

"他身上确实有缺点，但他有很多的优点，我在课堂上讲到比较难的知识，他就会特别专注，眼睛都是亮的，思维总是很独特，我有时候觉得他就是一个天才，你们的遗传基因太好了，如果我们共同来帮他养成好的习惯的话，他的前程将不可限量。"

接着，我又给她讲了一些孩子表现比较突出的例子，更讲了我遇到的一些持之以恒帮助孩子的真实事例。

"我从来没有像现在这样有信心，以后我一定多关注他。"临走前，他的妈妈激动地说。

抓到合适的契机，让他从心里认可你，所有的教育才会有效。学校放长假，开学那一天，学校是没有早餐的，上学的路上，我碰到了果果。

"你好！"我主动打招呼，"你吃饭了没有？"

"没有。"他说。

我知道机会来了。"学校没有早饭，你不吃怎么行？你喜欢吃什么？我给你买点儿。"

"啊？不用了。"他很意外。

"这样吧，我给你钱，你自己买吧。就是我带的钱不太多，这些够吗？"

我把包里的零钱给了他，怕他不好意思，就赶紧走了。

接下来，我特意在班里开展了一个"夸夸他"的活动，一次有3到4名同学到讲台上，由班里的同学轮流来夸他们的优点。当他站到讲台上的时候，我看到他没有了以往的云淡风轻，有些紧张，我想他是在回忆自己平时的所作所为，担心没有同学会夸他。最后，大家还是找到了他不少的优点，我第一次看到他的脸红红的。快结束的时候，我也要夸夸他，我很隆重地介绍了他爱看书、会思考的优点。那一天，我们给了他足够进步的能量。

持续不断的给力，才能让他持续进步、持续蜕变。接下来的日子，我不断放大他的优点，课堂上他听讲专注的时候、发言独到的时候，我会大力表扬他；值日认真的时候，组长在班里表扬他；按时到校了，准时就餐了，我们在"德育十分钟"时表扬他；我和他的家长不断沟通，了解他在家里的一些好的表现，也要表扬……我还及时把表扬信息发在班级群里，增加他的成就感。

果果变得喜欢接近我了，下课没事总想找个话题和我说两句。遇到班里谁犯了错误，我就私下先让他谈谈看法，让他和我一起来解决，我发现同样的错误，他竟然不怎么犯了，看来解决的过程起到了自我教育的效果。

日子一天天地过去，同学们都说果果变了，穿衣服不另类了，很干净，迟到的现象几乎没有了，与同学们相处融洽了，作业也做得很认真。更重要的是，孩子的精神面貌有了很大的变化，在日常的学习和活动中，他都表现得积极、上进。

果果的妈妈也有了很大变化，不仅家长会按时参加，还主动申报学校活动的志愿者。学校组织的音乐会，需要家长开车接送学生，她第一时间报名参加，整个过程尽职尽责。

在教育的路上，我要做一名行者：珍惜与每个孩子相遇的缘分，脸上带着笑容，心中充满阳光；行囊中准备好澎湃的激情、思考的大脑，与孩子们一路相伴一路歌。

校长心语：遇到一个"有个性"的学生，老师想到的不是给自己的工作添了多少麻烦，更多的是心疼，这是一种设身处地的爱，是一种悦纳的爱，更是对教育的挚爱。不管是和家长的沟通，寻找教育的契机，还是不动声色地表扬和鼓励，让学生做老师的小助手，都彰显着爱的智慧。

爱的回声：

我的学校非常好玩，它会时不时地带给我们惊喜。比如在圣诞节，我们可以开一个有趣的派对，同学们一起装饰教室，一个个彩球使圣诞树增添了不少的光彩，大家还可以互换零食，一个个红光满面，异常兴奋。在万圣节时，老师们会把一楼大厅打扮得漂漂亮亮，同学们一个个身着奇装异服，兴高采烈地跟老师要糖吃。元旦时，我们的操场上挂满了一个个红彤彤的灯笼，上面贴着灯谜的谜面，我们猜对了，还可以换奖励呢！

——凝碧校区四（1）班　宁原

泰戈尔说：不是铁器的敲打，而是水的载歌载舞使粗糙的石块变成了美丽的鹅卵石，一味地批评不一定能产生良好的教育效果，而深切的关怀与爱护，使教育变成了载歌载舞的水。孩子是幸运的，四（1）班的老师用爱心呵护着孩子们的成长，用智慧去启迪孩子，开阔他们的视野，激发他们求知的欲望，让他们畅游在爱的海洋。

——凝碧校区四（1）班　史天欣家长

那泪，滴在我心间

◎ 张文晓

夏丏尊说过：教育没有情感，没有爱，如同池塘没有水一样，没有水，就不能称为池塘，没有爱就没有教育。高尔基也说过：谁爱孩子，孩子就爱谁，只有爱孩子的人，他才可以教育好孩子。可见，爱是教育的灵魂，只有融入了爱的教育才是真正的教育。

我曾不断地自问，爱是什么？爱心、细心、理解、尊重、陪伴、倾听、交流、支持、责任、相信、静候？答案时而模糊时而清晰：当我想到那个父母离异的孩子时，我知道爱是关心和陪伴；当我想到那个调皮捣蛋的孩子时，我知道爱是耐心和信任；当那个懒惰又内向的脸庞浮现在眼前时，我又清楚地知道爱是鼓励和静候……爱，它不是一个特定的答案，它既抽象又具体，因爱的对象不同而不同。

我从教以来就从事班级管理，和所有的班主任一样，我总是习惯性地把更多的关注放在那些特别的孩子身上，因为总觉得他们缺少关爱，总认为他们可以更优秀。而这次的事件，给我上了无声的一课，其实任何一个孩子都需要理解和关爱。

那是学校举行爱国主义演讲比赛时，班级内部初赛选出了两个女孩儿：小怡和小雨。俩人素质都不错，私下里要好得像对小姐妹，家里大人也都是好朋友。两个孩子课余时间来试过几次稿：小怡音色、表现力较好，只是稿子老背不熟；小雨倒背如流，可惜演讲时不够放松，时不时地闭眼睛。两个小伙伴相互听、背，相互提意见，一时难决高下。

第二天下午要比赛，早上再次试稿后，我们敲定让小怡代表班级上台演讲。俩人都是聪明孩子，听我分析完双方的优缺点之后，小怡更加用功地背稿，小雨短暂的失望过后主动提出帮朋友一起背稿、完善。我心里不免感慨，这孩子的大度和优秀实在令人感动。

晚上和小怡的妈妈沟通孩子比赛的事无意间聊到了小雨，小怡妈妈说："小雨这孩子干啥事就是认真，听她妈妈说前两天准备演讲，人家晚上睡觉前背，大早上起来还是背，在家让妈妈指导，自己照着镜子练……"这话彻底震撼了我，原以为孩子本身聪明懂事，原以为小孩子天生记忆力好，只对她的不能上台稍做了一下安慰。我觉得有必要对小雨做些补偿。

第二天上课，我用了半节课的时间和孩子们一起总结了这次的演讲比赛，更是有意提到了小雨以及她背后认真背稿的故事。我看到她只是害羞地笑着。最后，我倡议在班级内为小雨举行一次专属的个人演讲，同学们都激动地鼓掌欢迎。小雨的演讲很精彩，她倒背如流，闭眼的毛病也大有改善，可见她的努力。在大家热烈的掌声中，小雨回到了座位，她依然笑着，但手背却迅速又看似不经意地擦去了眼角的泪。那一刻，那滴泪，落在我的心间！

晚上躺在床上翻来覆去，我在想我是不是忽略了一批孩子，这些孩子本身很优秀，学习习惯也好，可他们之所以优秀是因为背后辛苦地努力着。我不应因孩子们的优秀而忽视了他们也只是小孩子，他们也需要帮助和关爱。

孔子云：有教无类。小雨无声的眼泪告诉我：有爱无类。我的爱不只是给所谓的特别的孩子，我的爱要给每一个孩子，每一个孩子都是特别的。

校长心语：这篇故事讲的不只是我们从教人员，孩子有时也是无声的教育者，张老师用自己的切身体会和亲身经验给我们阐释了她对学生的爱！

爱的回声：

  "爱育精彩，美丽绽放"学校专场音乐会带领着我们走进了歌剧院，走进了属于我们的精彩世界。毕业班的大哥哥、大姐姐在白色T恤上尽情地手绘，不一定精致，却独一无二；不一定深奥，却充满希望。他们今天站在梦想中的舞台上，泪水无声地湿润着我的眼睛，悄悄地爬满了我的脸颊。

——凝碧校区四（2）班　张睿帆

用心，爱才暖心

◎ 李 培

当了班主任，每天都会有做不完的事。有时要做"警察"，核对学生的户口；有时要做"会计"，收费用；有时又要做"法官"去"断案"；有时又要做他们的"父母"，关心他们的冷暖。

老师的一句极平常的鼓励，往往会成为一个学生一生追求的目标；一番入情入理的个别谈话，能解开孩子心中的结。因此，作为班主任，不仅要对学生的现状有全面的了解，而且要细心观察到他们情绪上的变化，把握他们的情感走向，及时把握教育的契机，用心去关爱学生。

老师送给学生爱，学生回报老师爱。爱的种子播进学生的心田，总会发芽。在这个过程中，我深深体会到了爱的力量。

开学初始，学校又安排我当班主任。开学第一天，班上有个学生叫小辉，因为他随便插嘴，我批评了他几句，他当时就和我顶嘴。没过几天，又有学生来找我告状："老师，小辉打人，他总是动手打我们。"当时我想，四年级的学生，胆子竟然这么大，不仅和老师顶撞，还动手打人，这还了得。我当时很生气，但没有直接去批评他，因为我还不是太了解他，万一这孩子脾气比较犟，于己于他都不是太好，所以我就叫他放学后留下来。

我仔细打量了他，他穿的衣服比较朴素，而且比较脏，我首先问他父亲在哪个单位工作，问到母亲时，他眼睛里流露出了一种莫名的伤痛。当我另转话题时，他开口了。他说他是一个单亲家庭的孩子，父母离异，已经很多年没见过他的妈妈，从小就缺少母爱，他和他的爸爸生活在一起。我想，可能就是由于家庭不完整引起的自卑心理，才让他有了这样一种性格，总是敏感、暴躁，既羡慕又排斥周围的一切。这样一个孩子，几乎没有得到过母亲的关爱，同龄的孩子都在母爱中快乐地成长，他却失去了母爱。还有什么比这更让人悲痛欲绝的呢？了解以上这些情况后，我感觉到他需要一份特殊的关爱，对于他做的一些事情，我也气不起来了！

在以后的相处中，我就特别留心这个特殊的孩子。过了不久，他又相继出现了一些违纪的事：和同学打架，英语课作业没能完成，抄别人的作业，拿别人东西不还……才一两个月的时间，他犯的错误就不少了。针对这类学生，我们不能一味地去责骂，这样的教育方法是于事无补的，教育不好会适得其反，让他形成叛逆心理，以后的教育就更没法开展了。

我觉得改变这类孩子的最根本的办法就是善待他们、关注他们，学会换位思考，多从孩子的角度为他们着想，引导他们"回归"。

我经常留心他，利用空闲时间找他谈心；平时作业上有什么不明白的或是做错的，我都会帮他讲解，直到他听懂为止；利用自己的真情，让他感受到老师的爱，感受到世界充满爱。用情感关怀的态度、亲切温和的语气、尊重理解的氛围去化解他内心的自卑，此时，他感受到老师和同学们都是自己的知心朋友，是可信赖的人，这样我们的感情才能得到交流。

学校运动会要选拔运动员，我对班上的学生不了解，就让学生们毛遂自荐。当我说到跳绳和赛跑项目时，小辉便自告奋勇地举手了。为了鼓励他，我当时就同意了。通过后来的考察，我发现他还真的是有运动特长，最重要的是他非常有集体荣誉感，在赛场上，奋勇争先，积极为班级争取荣誉。赛后，我和张老师特别表扬了他！每一个成长的孩子都渴望被父母肯定，被老师肯定，被社会肯定。只要能针对孩子的优点去夸他、肯定他，他必然会变得更好。我们应该多激励他、鼓励他，不能打消他的积极性，应该让他树立自信，快乐成长。

他身上还有很多优点。有一天下午班会课，我把一些事情说完后，就让学生们自己上讲台讲故事、笑话等。当时班上鸦雀无声，没人敢做第一人。这时，他大步走到讲台上，给大家讲了一个笑话。事后，我对他在班会上的表现加以表扬，并教育他一个人要自立、自强，要有思想、有抱负，只要自己以后努力拼搏，改掉以前的一些不良习惯，就一定会成功。

老师应该更多地发现学生的闪光点，甚至可以做适当的夸大，我美其名曰"优点放大法"，而不是更多地在集体中批评他们的缺点和错误，否则只会造成一个恶性循环，使他们越自卑越逆反，越逆反越爱犯错误，越犯错误越受到批评，越受到批评越自卑。

校长心语：在短短两个月的时间里，这个孩子树立了较强的自信心，也受到了其他同学的尊敬，变得自信了。由于有比其他孩子更强的自尊心，所以他更懂得珍惜这种进步，在学习和纪律方面做得比其他同学更好，这与他先前所感受到的环境形成了巨大的反差。正是这份真挚的、无私的爱，在小辉的心中播下了爱的种子，引领着他成长、前进。

爱的回声：

2016年6月6日下午1：30，"爱育精彩，美丽绽放"学校专场音乐会在洛阳歌剧院华丽上演了。

这次一到五年级的学生去观看演出，让这么多人安全、准时、有序地到达，可不是一件容易的事，一场爱的接送提前拉开了序幕。我在家想，一辆车坐四五个孩子，大约要二三百辆车，这能行吗？

当看到孩子们一张张灿烂的笑脸，叽叽喳喳地讲述着莫扎特、贝多芬，听着他们说《小夜曲》《欢乐颂》，我震撼了、感动了、明白了，因为学校有一支年轻、充满活力、有爱、有梦想的教师团队，家长们这场爱心接送才能从容圆满。此时，我只想说一声"谢谢"！

——凝碧校区四（1）班　张睿帆家长

打开窗，让阳光照进去

◎ 杨继红

不是每一个孩子都是向日葵，都能随着太阳的光芒而移动。作为老师，我们要多关注这些孩子，让他们也享受阳光的照射。

今天是周五，按照惯例，要统计这周语文课的发言情况。这样做除了表扬发言积极的同学，更重要的是掌握本周语文课上没有发言的同学，这些孩子应该是下周语文课着重关注的。或许他们对课上讲解的内容还不够理解，或许因为老师的原因，语文课上忽视了他们的存在。总之，这些都是我要解决的。

很快地，她进入了我的视线，一个白白净净、梳着马尾辫的女孩儿，见她唯唯诺诺地半举着手，我才发现自己一周都没有把目光落到她的身上。我下定决心下周一定要关注她，从简单的问题开始。

新一周的语文课上，在检查生字的认读情况时，我采用了开火车的方法。等轮到她的时候，我用期待的目光望着她，本以为这么简单的词语，她一定能读出来，结果她却站起来一言不发，用一种羞涩的眼神看着我。我走到她的身边鼓励道："没关系，大胆读，读错也不批评。"她看着我，还是没有出声，我又让同学们给她加油，可她依然默不作声，面对尴尬的场景，我只能示意她坐下，这次发言以失败告终。

今天的语文课又遇到了读词语的问题，我用目光扫视了一下教室，看着小手如林的教室，却又一次发现她坐在那里用眼睛注视着我，可是依然没有举手。我话锋一转："此时我最关注的是不举手的同学，为什么不举手呢？是不会吗？"我轻轻地走到她的身边问："试试吧！"她怯生生地站了起来，又是一阵沉静，别的孩子见她不吭声，已经急得喊："我、我、我……"我赶紧示意孩子们安静，并告诉他们："她肯定会，让我们侧耳倾听她的回答。"此时教室静极了。孩子们有的探着身子，有的把手放到耳朵后，都用期待的目光注视着她。在这种深情的期待中，她的嘴动了动，好像读出了词，她的同桌立刻做出对的手势，虽然我听得不清楚，可她终于开口说话了，接着第二个、第三个……她把所有的词都读了出来，其中有一个读错了，但孩子们没有打断她，一直等到她读完了，才给她纠正。等她读会了，同学们不由自主地送给她热烈的掌声，她腼腆地笑了，伴着掌声坐了下来。

这微弱的声音成了这节课最美的声音，虽然她还不能让所有的同学清楚地听到她的声音，但只要开口说话了，听到声音还会远吗？

周一的"德育十分钟"我就以此为契机，告诉孩子们要学会告诉老师"我不会"，只有这样老师才能继续教，直到教会你为止。是呀！心灵是一个家，要时常开窗，迎接阳光的照射，只有这样我们才能时时感到温暖。

    校长心语：把心灵的窗户打开，让心与心得到交流，让孤独的心灵得到温暖和慰藉，教师的爱便是如此深邃而宁静。当孩子需要我们的时候挺身而出，少一些急躁与批评，多一些冷静与赞扬，这样，教育的生涯便会少一分遗憾，少一分叹息。

爱的回声：
  四年前我还是一个什么都不懂的顽皮的小男孩，如今的我已经是一名懂事、快乐、有着丰富知识的大男孩了。我的老师陪伴着我一同成长，教会我知识，教会我做人、做事，有了老师的爱，才有了今天的大男孩。我的老师在教我们知识的时候耐心、认真、一丝不苟；在课余时间和我们一同玩耍，和我们一起比赛跳绳；在我生病时又细心地照顾我……老师对我的爱来自方方面面，使我感到温暖！

——凝碧校区四（3）班　位家浩

用爱撑起一片天

◎ 王曼利

学生的心灵，如同脆弱的露珠，一不小心就会滚落破碎，需要老师的加倍呵护。

琪琪是一个柔柔弱弱的小女孩，她声若蚊蝇，不喜欢与人交往。课堂上的她，从来不捣乱，但是目光停留在老师身上的次数微乎其微。每次写作业，她的字迹总是很潦草。小小的年纪，她的生活怎会如此毫无生机？我带着疑问多次和她的家长联系，才发现她被全家人呵护着，她在家里与学校截然不同。为了增强孩子的自信心，我一次次与她的妈妈在微信里沟通，肯定孩子的优点和细微的变化，并提出中肯的建议。

如何改变她的现状呢？我绞尽脑汁，决定让她来担任副组长。吃过早饭，我把她叫到身边，耐心地说："琪琪，你每天都能完成作业，老师想推荐你当你们组的副组长，你愿意吗？"她不敢相信地望着我。我摸着她的头说："琪琪，这是真的！但是当了副组长，就得各个方面都表现好，这样，才能让组员信服。""老师，我行吗？"她低着头，小声地说。我坚定地说："我相信你能行！""好！那我就当！"她自信地说。

就这样，她成了一个小组长，虽然只是副组长，但她在慢慢地发生着变化。课堂上，她的身子挺得直直的，眼神开始聚焦在老师的身上，我便及时给予表扬："此时听讲状态最好的是琪琪！"我尽可能地留一些简单的问题，让她来回答。她害怕回答错，依然低声细语。这时，我就走到她的身旁，微笑地鼓励她："声音大一些，好吗？"第二次她虽提高了音量，但大家听起来还是有些吃力。我就会把琪琪的回答转述一遍，当答案正确时，我就会适时地为她点赞；当答案不对时，我就会对她的语言的完整性、条理性进行夸奖。

长假结束后的第一天，孩子们回到学校，为了更好地调整孩子们的心态，我给出整整一节课，让他们畅所欲言，聊一聊假期见闻。在充分的小组交流后，有10名同学可以把自己印象最深的事情与全班分享。活泼好动的男孩子站在讲台上侃侃而谈，女孩子却寥寥无几。当我宣布还有最后一个机会时，没想到，一向沉默的琪琪居然从容地走上了讲台。我顿时惊呆了！虽然她的语言不风趣，表达不流利，但是她那响亮的声音足以让每个孩子都能听到！当她讲完之后，孩子们仍然停留在震惊中。我激动地带头为她鼓掌："琪琪，你真是一个勇敢的孩子，你用自己的行动让我们看到了一个奇迹，让我们把最热烈的掌声送给琪琪同学！"掌声响起的一刹那，我看到琪琪自信地抬起了头，她的眼睛亮亮的，阳光般的笑容洒在脸上！我快速地走上前去给了她一个大大的拥抱！

慢慢地，内向的她已经不再沉默。10岁生日那天，她拿了一个大大的生日蛋糕与大家一起分享；她开始成为发言人群中的一员，教室里的每一个孩子都能听到她的声音；她开始走上讲台，在黑板上写下自己的想法；她赢得的掌声和奖卡越来越多，她的笑容也越来越多！

校长心语： 每个孩子都是一个珍贵的生命，每个孩子都是一幅生动的画卷，每个孩子都有他闪光的一面，我们要用放大镜的"眼"和显微镜的"心"去捕捉孩子的火花，用满满的大爱撑起孩子的那片天，点亮孩子心头的那盏灯，让他们绽放精彩的人生。

爱的回声：

　　老师的爱是打开学生心灵大门的钥匙。刘嘉莹是个自尊心很强的女孩子，老师们善于发现她的闪光点，用赏识的眼光看待她，安排她当班干部，鼓励她参加笛子队、书法班等社团，大大促进了孩子的全面发展，老师爱的教育让她感觉自己是优秀的，更明白自己的不足之处，努力让自己变得更优秀。作为家长，我们感谢老师对孩子真挚的爱，支持学校"爱育精彩"的办学理念。

——凝碧校区四（3）班　刘嘉莹家长

面向阳光　迎风飞翔

◎ 贾利强

随着"教育戏剧进校园"活动落下帷幕，我们班表演的课本剧《狐狸和乌鸦》呈现了一场精彩纷呈、美轮美奂的视听盛宴！

绽放精彩，我们永不落幕！

接到学校的安排时，我和牛菲菲老师就共同商议，定下基调：放手让每一个学生都参与其中，力争做到一个也不能少；利用班级群这个微信平台交流讨论，尽量让更多的家长了解，陪伴孩子一起成长；每周一、周四下午第三节课询问进展，解决困难。戏剧表演要求孩子们对剧本内容熟悉，对剧中人物了解透彻。无论是语言表述、肢体展现，还是面部表情等，都有比较高的要求。参演的孩子们在前期的准备过程中投入了极大的热情，从导演的编排、道具的准备到音乐舞蹈的融合等，都精心设计，正可谓"麻雀虽小，五脏俱全"。

细心的菲菲老师先用多媒体给孩子们展示了几部精选的儿童剧，又大概讲述了戏剧的分类和特点。孩子们利用周末，在网上搜索观看了自己感兴趣的戏剧，并打印了剧本，商讨后确定了三个剧目《快乐王子》《去年的树》《狐狸和乌鸦》。学生们自由结合成三个小组进行排练。两周后班内展演ＰＫ，《去年的树》组与《狐狸和乌鸦》组高票胜出。服装师、化装师、音乐设计师等剧务人员也应运而生，人员重新调整分配。后来我们根据实际情况，又把两个剧目整合，以《狐狸和乌鸦》剧本为基调，让每个孩子都参与进来，一个都不落下，依据学生的兴趣和特长，让他们在锻炼中成长，学会沟通，学会表达，学会合作。

"谎言往往披着美丽的外衣，容易让人麻痹。这不，乌鸦们就差点上了狡猾狐狸的当……请欣赏四（4）班自编自演的课本剧——《狐狸和乌鸦》。"短短十几分钟的演出里，狡猾的狐狸惟妙惟肖，6只乌鸦活灵活现，12只小鸟婉转灵动，绿树、黄花、巨石、草丛……这些做背景的同学也一丝不苟，陶醉其中，摄影、音乐、杂工、编剧、导演不亦乐乎！为每一个精彩的孩子点赞！

赶制服装、巧做道具、精心化装、编辑音乐、助兴支持的家长朋友们，我们忘不了你们的大力支持，忘不了你们的真情付出，忘不了你们的默默帮助！为每一个精彩的家长点赞！

小戏剧，大梦想！小舞台，大人生！

正如一位家长的感言：这种体验式的、互动性的、角色化的教育方式，真好！只有这样才能真正让孩子们从内心深处感受到中国传统文化的精髓，启迪心智，动手创造，同时会培养他们学习国文的兴趣。坚持这样传承下去，祖国经典文化的复兴也就到来了。孩子们在这里成长，是幸福的！谢谢勇于创新的学校！谢谢可敬可爱的老师们！

经历了才能成长得更快！如何充分激发每一个学生的潜能？如何让孩子们获得独特而丰富的内心体验？如何实现小组合作、集体共赢？如何实现家校携手、有效沟通？这或许是我们班这次戏剧展演意想不到的收获。

台前幕后，戏里戏外，我们在不断演绎精彩，创造精彩。给每一个孩子的心中根植希望，他就有可能朝着阳光，迎风飞翔！

校长心语：教育，就是要服务、引领、陪伴孩子成长，给孩子一个健康、快乐的童年。孩子的快乐，就是我们的快乐；孩子的幸福，就是我们的幸福。要给孩子们搭建一个更大的舞台，提供一个更大的展示空间，让他们展示更精彩的自己。本次教育戏剧演出活动既丰富了孩子们的课余生活，又使得他们的组织能力、创造能力和团结能力得到了全方位的培养和提高。

爱的回声：

虽然我们成绩不一，但是我们从来没有停止过努力；虽然我们贪玩调皮，但那是我们天性暴露无遗。那55朵花儿正在悄悄绽放，将我们的校园点缀得多彩美丽。

和蔼可亲的贾老师，时不时会给我们一个意外惊喜；认真严谨的王老师，不忍心落下一个学生；充满自信的牛老师，全心付出让我们努力学习。责任、奉献被你们诠释得淋漓尽致，感谢亲爱的老师们，一路有你们的精心呵护、无悔耕耘，才使我们班这个大家庭有了凝聚力。

——凝碧校区四（4）班　常晨雨

爱是陪你一起成长

◎ 牛菲菲

泉眼细流，润物无声，学生在实践中成长，在思索中领悟，这就是我们和学生的关系：爱是陪伴，重在引导。

今年跟往年比，孩子们好像更加忙碌了，他们参与的活动多了，而且形式也多了。你看，一场降落伞比赛就这么悄无声息地来了。

学校组织科技活动节，四年级活动的主题是自制降落伞比赛，要求是在同一高度抛下，从抛下到落地，看谁的降落伞在空中用时最长，用时最长者获胜。这可是一场智慧的考验。

接到通知后，我就跟贾老师商量了，给孩子们两周的时间，第一周准备，第二周选拔。因为是第一次参与这样的活动，不光孩子们觉得新鲜，我们也觉得无从下手，索性放开了，让孩子们大胆尝试。我们先让孩子们自由结合成5人一组，收集相关文字资料，然后专门抽出一节课集中讨论，"怎么做降落伞，什么材料做降落伞"成了这几天孩子们讨论的重点话题。不断尝试，不断创新，有的几个小伙伴商量着做，有的请了家长来帮忙，你瞧，没几天的功夫，一个又一个漂亮的降落伞在孩子们的手里渐渐完成了。

我们班有很多同学参与此次活动，第二周的周三，我们对作品进行了初步验收，孩子们把自己做的降落伞在教室里一一作了展示。最后在一场实力对决后，我们选了5个小组参与学校的决赛。

比赛当天，竞争激烈，精彩异常，每个班都不相上下，同学们纷纷发挥出了自己最好的水平。偏巧，我们班一个参赛同学的降落伞坏掉了，如果没有替代的降落伞来参赛，那么我们班将失去一次机会，正在发愁之际，有个孩子自告奋勇地拿着自己做的降落伞要来参赛。我问他自己在家测试没，他说测试了，能坚持10分钟呢。周围的同学都摇摇头，说不可能，他却急了，跟周围的同学解释。我笑而不语，也不跟他争什么，只是跟他说："好好准备上场，等会儿看你的表现了。"从答应他上场后，我就一直偷偷地观察着他，只见他一会儿观察其他同学的降落伞，一会儿又摆弄自己的降落伞，一会儿摸摸线绳，一会儿摸摸底下的坠物。真的到他上场了，他却扭捏起来，降落伞一丢，自己都不敢看了，却忍不住偷瞄了几眼，下了场甚至都不敢正眼看我。

比赛完后，我们像往常一样做总结，这时候孩子们往往都会有说不完的感受，七嘴八舌，你一句我一句的。轮到我发言时，我就给孩子们讲了几个我知道的科学家的故事："爱迪生发明电灯、留声机；贝尔发明电话；史蒂芬孙发明火车……这些科学家们在发明出他们的作品之前都是进行了大量的试验，更何况是我们这小小的降落伞？多试验试验，我相信你们都会有更大的进步的。以后做什么事，要认真地动手做一做，多试验，用事实来说话，同时我们更要把科学严谨的态度用在我们的生活和学习中。"孩子们听了之后略有所思，略有所悟。

没过多久，学校开展运动会需要选拔运动员，往常我们会选几个比较优秀的运动员，可是今年，孩子们一致要求"耳听为虚，眼见为实，要用实力来说话"，所以今年的运动员都是我们通过公开比赛现场选拔出来的。看着他们这样的自信满满，我知道他们成长了。

成长的路上爱相随，有你，有我，也有他。

校长心语:"问渠那得清如许,为有源头活水来。"学生的成长是老师最大的快乐,学生的进步离不开老师的陪伴,如何在无形中潜移默化,在无声处胜得有声,需要我们不断思考。一次小小的科学活动,却让更多的孩子开始严谨思考、反思自我,最终得出万事要践于行的道理,这是学生的聪慧,更是老师的幸福。

爱的回声:

一条条信息的传递,也许是作业的布置情况,也许是一些善意的提醒,也许是温馨的祝福语……猜灯谜、风筝节、"教育戏剧进校园"、六一家校联欢、述职报告会、校园小创客……一次次活动的完美收官,离不开学校和老师的精心策划,离不开多才多艺的孩子们的悉心准备,也离不开热心家长的大力支持。那些在学校天空快乐翱翔的精灵们,不正是我们的孩子吗?

——凝碧校区四(4)班　常晨雨家长

孩子，做最好的自己！

你会变成更好的模样

◎ 丁俊丽

做最好的自己,是我们每个生命努力的信条。你是谁?努力成为怎样的你?你能否成为更好的你?这些是我们每个人不断思索的问题。为师者,我们要把爱的种子植根心底,让呵护在空中飞扬,让生命在阳光中生长,让你成为更好的模样。

在我们班有这样一个女孩,她害羞腼腆,心地善良,文静乖巧。但特殊的家庭造就了一个特别的她,她总是把自己包裹得严严实实,不愿走近别人,自卑的心理像一座大山压得她喘不过气来。

孩子的心灵是非常脆弱和敏感的,尤其是特殊家庭的孩子。他们特别希望得到别人的赞美和信任,需要温情和呵护。为师者要让每一个孩子怀着希望前行,为他们打造一片无雨的天空。

我们班实行责任分工制,每个孩子都有属于自己的那份职责。在这份职责中,每个孩子发挥自己的特长,找准自己的位置,做自己愿意做好的事,培养自己的信心。在每个孩子都选择过自己的"工作"后,就剩她了。我想,让她自信起来吧!细心敏感的她让我有了一种冲动:让她担任我班的护花使者吧!因为,她会变成更好的模样!

于是,我主动和她搭起话来:"你打算管理我们班的什么工作呢?"我试探性地问道。她把头摇成了拨浪鼓，半天挤出一句话："老师，我什么也不会干！"我仔细打量她一番，说："你看咱教室后面这么多花花草草，需要浇水、松土、修剪。你来试试，就当个护花使者吧！"她半信半疑地沉默着，好半天没有反应过来，我又补了一句："我相信你，还有老师呢，我可以帮你！"她犹豫着点点头。

以后的日子里，教室里多了一个忙碌的身影。有时，我都忙得忘了照顾这些花花草草，她却像养成习惯似的，浇水、修剪。看着这些赏心悦目的花花草草，自信的笑容洋溢在她的眉宇之间，归属感正在她身上生长着。每逢开班会，我总是在班里表扬她做得好："看，这些花草在朝你笑呢！"同学们纷纷为她的细心和负责赞叹不已。

"打开你的心窗，甩掉你的烦恼，拿出你的自信。"这是我经常对孩子们说的话。因为爱所以爱，用我的真心换你的心，守候一生最美丽的梦。

忘不了那次运动会上，眼看老师800米比赛开始点名了。她看我着急的神情，忙问："怎么了，老师？"我皱着眉说："我还穿着皮鞋呢。"她连忙说："老师，你穿多大鞋？""38码。""我也穿38码，要不你穿我的鞋吧？"很快她就和我换了鞋。虽然这次比赛我没有取得好成绩，但是一双鞋温暖了一颗心。

忘不了那句"老师，请你吃蛋糕，今天是我的生日！"一大早，她跑来，明亮的眸子闪着光，苹果似的脸蛋泛着红。"哦，谢谢，祝你生日快乐！"我一边说着，一边朝懂事的她微笑。看着她现在阳光自信的样子，我备感欣慰。

愿你像颗种子，勇敢地冲破泥土，将嫩绿的幼芽伸向地面，指向天空。因为，你会变成更好的模样！

校长心语： 看似平凡的一件小事，一路走来，折射出老师的润物无声。

最好的教育是你不知道那是在教育。每个孩子都会成为更好的模样，这是为师者坚守的信条。设计岗位，点播爱的智慧；鼓励参与，撒播爱的能力；分享成功，蕴藏爱的情感；无私付出，践行爱的行动。

爱的回声：

每个孩子都是爸爸妈妈的宝贝，而在五(1)班，我们是老师的宝贝。在老师的帮助和亲身示范下，我们受到了良好的教育和熏陶。老师不仅教给我们做人的道理，而且引领我们更好地成长。从我们每个同学的分工到班级里大大小小的事，总是让更多的同学参加，在童年里留下美好的回忆。帮助别人，快乐自己，成为我们坚定的信念和执着的追求。感谢老师，让我们从懵懂无知变得通情达理，从自私狭隘变得豁达乐观，小小少年，还在成长，必将成长。

——美茵校区五(1)班　杨函霖

爱的路上有大家

◎ 赵方方

家长和老师的相遇其实就是一场因爱和信任而引发的相遇，大家为了共同完成呵护孩子童年的任务而相遇，那么，就让我们彼此之间的爱流淌起来吧！

四月的洛阳到处是花的海洋，四月的学校更是精彩纷呈、热闹非凡，因为这个月我们迎来了我校第一届"教育戏剧进校园"活动展演。

回想起为了选择剧本，我们两位班主任绞尽脑汁，最后在确定《花木兰》剧本的时候我们还是有很多担心，最大的担心就是服装和道具。道具还好，我们可以动手自己做，可服装呢？记得那一天中午送学生，小元、小杨、小轩3位孩子的妈妈过来说："听说你们要排《花木兰》，如果需要我们做什么直接说。"接下来就是小歆的妈妈，更是不顾自己工作的繁忙，一次又一次地到学校为孩子们排练，自己托关系找专业的朋友来为孩子们指导。还记得那天中午一直排练到1点多，这4位妈妈和舞蹈老师没喝一口水，就连中午饭也没顾上吃。小石的爸爸得知我们排练需要音响，就直接把自家的大小音响全都拿来了。

到了排练的中后期，道具和衣服也该落实了。这时候，小元、小杨、小轩的妈妈又主动请缨："我负责书简。""我负责诵读人员的衣服。""我负责士兵和演员的衣服。"就这样，大家各自分担了任务。

眼看戏剧就要上演了，我们要提前熟悉一下舞台。这几位妈妈又是忙前忙后，即使已经6点多，外面还下着大雨，却没有一个人说要先走，都坚持到了彩排结束。小歆妈妈把孩子们的彩排过程录了下来，连夜剪辑好，第二天一早带到学校让孩子们观看，以便让孩子们发现自己的不足，更快地提升自己。演出这一天，小璐妈妈早早来到学校开始为没化装的孩子们化装……

这一切全靠我们有一个强大的家长团队，孩子们的精彩有你们的一半。感谢所有参与我们此次活动的家长和孩子们，你们的付出感动着我们班所有的人，爱的路上有大家真好！

校长心语：人人心中都有爱，作为一名教师，我们时刻用爱的行为去影响孩子，而这次活动得以顺利开展，源于我们的老师对孩子们的用心付出，使爱的情感外化，也深深地感染了我们的家长，这是爱的回应，充分体现了我们教师爱的艺术。

爱的回声：

老师注重培养学生的自信，鼓励学生做最好的自己。每个孩子都有属于自己的职责，班级团结奋进、积极向上。偶尔看到老师安静地站在讲台上，丝毫没有班主任的"气势"，我有点犯嘀咕：这样的班主任，能管住学生吗？期中学校演出活动，老师朗诵了经典散文《牵一只蜗牛去散步》，我似乎明白了些什么。期末开家长会，老师不慌不忙地给家长们读了《母亲的谎言》，所有家长都静下来了。老师给每个孩子提供各种平台，注重孩子体验，关注孩子进步。有这样的老师，我们家长放心！

——美茵校区五（1）班　陈雅雯家长

静候花开

◎ 李宝红

教师要给每个学生提供机会，要放大他们的优点，要相信每朵花都会盛开，而且都会开得五彩缤纷、色彩斑斓。

我们班的小帅是个极富特点又极具个人魅力的孩子。他爱读书，有智慧，但个人习惯和自我管理真的是让人头疼。早上大家都开始经典诵读了，可他却跪在地上，头钻尽桌兜里忙个不亦乐乎。我问他："小帅，你在干吗？你看大家都在读书呢，赶快坐好读书呀！"他两只大眼睛忽闪忽闪的，笑嘻嘻地说："我在找作业本呀！"然后又自顾自地翻呀找呀，课桌上狼藉一片，任老师再催促，他总是不慌不忙的，自顾自地忙碌着。上课时，有时他听讲认真，发言积极，观点独到；有时他低着头不吭声，我走近一看，只见他正津津有味地看着课外书；有时他会盘着腿坐在凳子上，优哉游哉舒服极了；有时大家都安静地写作业，只见他东摸摸、西抠抠，就是不愿意动笔。他的"名言"不胜枚举，当我告诉他多和同学沟通交流时，他会说"真正有思想的人都是孤独的"；当我讲学习要抓时间、挤时间时，他会说"我最讨厌见缝插针就学习的呆瓜"……

开始，小帅让我伤透了脑筋，他的种种另类表现让我哭笑不得。对他我该怎么办呢？"亲其师，信其道。"我得先让他喜欢上我，愿意听我的话。我从他的优点入手，他酷爱读书，那我就每天让他在全班同学面前分享读书心得，使他在大家心中树立美好形象，并以他为榜样，激发大家的读书热情。渐渐地，他喜欢上了这个特殊任务，也更愿意和我亲近了。每天下课，他总会有事没事地跑到我面前找我聊天，我也笑眯眯地回应着他，时不时表扬他的博学多知。接下来，我安排一个各方面都很优秀、自我管理能力较强的同学和他坐同桌，在习惯上影响他、帮助他，从简单的整理书包做起，一点一点教他自我管理。我知道他是一个特别有想法的孩子，这样的孩子肯定特别喜欢做一些富有挑战的事情，来寻找自己的价值。班上的"精彩两分钟"虽然已经开展了一段时间，但我总觉得没有特别的亮点，于是，我给他布置了一项作业：通过一次"精彩两分钟"，引导同学们乐于助人。他愉快地接受了这个任务。后来听他的妈妈说，平时一贯磨磨蹭蹭的孩子，那几天的作业写得格外快，然后就一头扎在电脑前，搜集素材，整理资料，还邀请电脑水平高的妈妈一起加入课件制作中，整个过程都是他说自己的想法、方案，妈妈给予电脑技术支持。他的那股子认真劲儿让妈妈大为感动。后来，他在班内的展示大获成功，为我们班的"精彩两分钟"开创了新的高度。

这一次的成功让我看到了孩子的无限可能！抓住这次契机，我让孩子找到了价值感和归属感。慢慢地，孩子会主动关心其他人了。天气冷了，教室开了空调，空气比较干燥，他主动从家里拿来加湿器，为同学们营造更舒心的学习环境。清洁区脏了，他主动弯下腰捡拾垃圾。更让人高兴的是，他写作业的速度快了，质量也提高了……

孩子妈妈的一段话让我深深感动，难以忘记："那天路过孩子原来的学校，孩子说进去玩一会儿，我开玩笑说：'孩子，要不咱们还转回原来的学校吧？'孩子把头摇得像拨浪鼓：'不要，我在新学校里很快乐，很幸福，我喜欢新学校，喜欢那里的老师和同学，是老师的爱，让我成长，让我更加懂得去爱！'"听了这番话，我心头洋溢着浓浓的甜蜜，觉得自己在他身上所付出的一切都是值得的，我一定可以静候花开。

校长心语： 老师们，像小帅这样的学生每个班都会有，怎么引导他们？我们要舍得投入。投入什么？当然是情感！多在他们身上动动脑筋，真正走进他们的心灵，设身处地诱导他们，当他们感受到老师的理解与关爱时，他们的心就会在不知不觉中向我们敞开，向我们靠近。"亲其师，信其道。"我们只要用心等待，用情呵护，用爱滋养，他们一定能绽放自己的美丽！

爱的回声：

每个人心底最温暖的地方是家，而在我的心里，却还有一个特殊的家——我的学校。

在"精彩两分钟"活动中，一次、两次、三次……两年前那个声音弱弱、脸蛋红红的我如今变得落落大方、毫不怯场。课堂上，语文老师别出心裁的设计，引领我们畅游在写作的海洋，我惊喜地发现：原来写作这么的简单、有趣。

在学校里，我如一棵破土而生的小芽，在爱的滋润下，向着阳光生长！

——美茵校区五（2）班　陈佳慧

孩子，你要成为最好的自己

◎ 郭欣欣

这学期，班上转来一位新同学小飞，刚进班时，大家对他印象都非常好，他长得白白净净，个子不高，上课回答问题特别主动，几位老师都反映小飞上课回答问题声音响亮、思路清晰，学习成绩也不错，而且班级公益劳动他也非常愿意参加。他的优点十分明显，但其缺点也随着时间的推移慢慢暴露出来。小飞爱说脏话，和同学相处时经常爆粗口，不断有同学报告小飞骂人，有几次甚至引起其他同学的不满，动手打起架来。

就说上一次，他和小昊在放学时发生的冲突吧！本来我带领全班同学有序地站着路队离校，没想到到了指定地点我刚宣布散队，小飞和小昊就扭打在一起，我赶紧拉开俩人，问起原因，各说各有理，看来一时半会儿是说不清的。于是，我又将俩人带回了学校，在我的办公室里，终于问清了原因。原来是站队时小飞说话带脏字，小昊听不下去，就说他，但小飞认为自己并没有针对小昊，小昊不应该指责自己，于是俩人呛起来，以至于散队就开打。当我弄清楚原因，分析了事情的经过和俩人的错误后，小昊的声音降低了八度，情绪不再激昂了，但小飞仍怒气冲冲，认为不是他先动手的，他只是爆粗口了，是小昊小题大做。看来，这孩子认识不到自己的错误，今天我正好可以借这件事让他明白自己的毛病。因为平时大家对他表扬比较多，他得到的鼓励比较多，仗着有老师的爱护和喜欢，他就在行为中无意间流露出对其他同学的不尊重，所以我就单独和小飞谈了他的一些表现，严肃地告诉他这些"不经意"的语言带给其他人的伤害，同时也毁坏了自己在他人心目中的形象，不利于同学之间的团结，坏习惯不改的话长大后也难以得到他人的接纳和容忍，更别说喜爱了。在我的劝导下，最终他接受了我的观点，表示一定改正自己的错误。但我觉得事情没有那么简单，我需要找出小飞坏习惯的根源，否则他的行为和他的思想会一直打架，那时，真正的改正就绝非易事了。于是，我就和小飞的妈妈通了电话，原来小飞的父母做生意，夫妻感情不和，经常吵架，一直以来受这些影响，小飞的一些行为和语言就成了现在的状况。

看来，我判断的没错，如果只在学校纠正小飞的行为，没有家庭的配合，那只会让这孩子越来越纠结，离我们的初衷会越来越远，所以我数次找小飞的妈妈谈话，站在一个老师的角度和她聊教育，站在一个妈妈的立场和她聊家庭环境对一个孩子的重要性，以及家长怎么以身作则，如何为孩子营造良好的家庭氛围，怎样纠正孩子的一些不良习惯。也许是我的执着感动了小飞的妈妈，她不再像以前一样，见面就抱怨孩子这不好、那不好，而是会针对一些问题和我一起交流，寒假时她还主动给我发信息说开学后想抽出时间在上课时到班上了解一下孩子的变化，希望得到我的支持，我爽快地答应了她。

一个学期过去了，小飞变化了没有？大家欣慰地发现，他确实有变化，自制能力强了，告他状的人少了，下课时他周围的同学多了。看到他能和同学们和睦相处，虽然偶尔会听到他独有的"飞式语言"，但当那一刻我的目光有意与他触碰时，我会看到他羞愧和抱歉的神色。如果说老师是引路人，我只想说，希望每一个孩子都成为自己喜欢的模样，我愿做那盏微弱的灯，为他们指一指路，让他们永远向着明亮那方前行！

校长心语：爱孩子是动物都有的本能，作为一个老师，怎么爱学生？怎么才能让学生接受你的爱？爱要有度，爱要有形，让学生成为自己喜欢的模样，就是对师爱的最好诠释。一位内心丰富、情感细腻的老师必然能造就人格独立、健全的学生！

爱的回声：

　　晚餐，一对母子的聊天：

　　"老妈，老师今天找我谈心了……"儿子吞吞吐吐地说。

　　"为什么？"传来妈妈急切地追问。

　　"上课说话。"儿子小声回道，"我都会了……"

　　"老师怎么批评你的？"

　　"老师说，我是个聪明的孩子，将来是个能干大事的人，但是要遵守课堂纪律，上课说话是不对的。"

　　随后的交流中，我知道了更多的细节，郭老师和儿子的谈心是单独的，保护了儿子那骄傲的自尊，班主任李老师也悄无声息地将儿子的同桌换成了班长。

　　用爱做教育，用心爱孩子！

　　感谢老师！

——美茵校区五（2）班　杨钦博家长

悦纳孩子

◎ 范晓燕

每个孩子，都是独立的个体，他们或灿烂耀眼，或默默无闻，但不管怎样，他们都是我们的孩子。

接手这个班后，起初我注意不到她，她总是文文静静的，从不给老师添麻烦，可是她在学习上的习惯不是很好，做作业有点拖拉，上课总是走神。相对于其他热烈如太阳花的孩子来说，她真的就是一株含羞草。所以，对于她，我是淡淡的；她呢，也总是在躲避着我。我们之间倒也风平浪静。

直到那一次，她妈妈来了，像她一样，闪避着我的眼神，对我说："我站在这儿，心里忐忑不安，我知道我们家孩子比较笨，肯定会给您添麻烦的。可有这样的孩子，我也……"她妈妈的眼里有泪花闪动。

看着她谦卑的眼神，我的心颤了一下，原来她是因为这样的原因而避免跟我见面。我回想起自己前段时间，有时候会把需要补课的孩子留在教室，边辅导边等候家长。自以为这样一举两得，可以为孩子多辅导，也可以等候家长来顺便沟通。可是等到最后，总也见不到她妈妈来接她。原来她是这样想的，我为自己的失误而深深谴责自己。

因为年龄相仿，同时我也是妈妈，所以，我特别理解她的无奈和痛苦。我拉着她的手，把她请到了办公室，可能我的真诚让她对我敞开了心扉，她说她一个人带着孩子，爱人在外地做生意。听完她的述说，我针对孩子的不良习惯，帮她找到了原因，告诉她：孩子可能是在一、二年级时缺少大人的监督，养成了边学习边玩耍的习惯。所以，作为妈妈一定要抽出时间多陪陪孩子，同时，我也会多关注孩子的。经过快一个小时的交谈，她走了，我们约定：以后多见面、多电话沟通，共同纠正孩子的不良学习习惯。

一个人的改变需要时间。课堂上，我尽量多提问她；课下，尽量不着痕迹地关心她，有时是一个动作，有时是一个眼神，有时就找她随便聊天。起初，孩子还是有些胆怯，有些抗拒，她不愿和我多说。于是，我把她吃饭的位置调到了跟我一张餐桌，利用中午吃饭比较放松的时候，小声和她交流。慢慢地，她不再拘谨，和我亲近了起来。而她妈妈呢，和我的交流也渐渐多了起来。因为她也是要上班的人，所以我们的交流大多数都在放学以后，即使这样，我也从来没有因为自己的事情拒绝过她，我和她的妈妈也渐渐成了朋友。一段时间下来，孩子有了进步，从她的笑脸上，我知道她是幸福的；从她的讲述中，我知道她和妈妈相处融洽。

如今，我们可以像朋友一样谈天说地，这种感觉，真好。其实，每个孩子都是一种美丽的花，只是花期不同。悦纳他们，用心期待，用心经营，我们都会在爱中成长！

校长心语：爱是教育中亘古不变的主题，爱是悦纳，悦纳每一个孩子，也悦纳并不完美的自己。孩子在爱中获得认可，老师也在爱中收获成长。爱育精彩，育的是老师和学生共同成长，共同精彩。

爱的回声：

转眼之间，孩子已经在北京第二实验小学洛阳分校度过了5年的小学时光。这是一所特别注重爱的教育的小学，"爱育精彩"充盈着整个校园，孩子所在的五(1)班更是一个处处充满爱的班集体。老师们不仅关心孩子们的学习，更关心孩子们的心灵成长。在这种团结、友爱、上进的班级里长大，孩子自信、乐观、友善、乐于助人，当妈妈的只有满满的开心。

——凝碧校区五(1)班　石天然家长

你 们

◎ 李丽文

3个帅气、天真的小男生，3个淘气、稚嫩的孩童，课下我们相遇时，你们总是略显羞涩地和我打招呼，之后便飞快地跑走，只留给我一串清脆的脚步声。每每这个时候，你们总是不由自主地把老师的思绪拉回到30年前，让我回忆起自己童年时的点点滴滴。望着你们朝气蓬勃的背影，总会让我心中的爱更加饱满和浓烈。该怎样用最适合你们的方式来表达我的爱呢？

课上看到你们3个瞪着迷茫的眼睛，对于老师和同学交流的话语不知其意时，我总幻想着：如果我的眼睛会说话该多好，可以在课堂上独自为你们3个仔仔细细地把知识这张网上大大小小的窟窿一点点织起来。因为我知道你们很讨厌补课的感觉，而每天的作业更是犹如苦药丸难以下咽。该怎样用你们喜欢的方式让你们体会到学习是有乐趣的呢？

我还发现，你们被同学们忽略了。虽然你们很投入甚至有点讨好地去和别人聊天，但似乎总插不上话，或者，对于你们的话题别人并不感兴趣，三言两语便被同学摆着手给撵走了，最终又回归到以往的状态，依然是你们3个在一个角落里自娱自乐。看着你们孤单失落的样子，我仿佛听到你们渴望在班级中寻找存在感的心声。该选择哪种方法可以自然地让你们摆脱现有的状态呢？

思考没有停止，行动一直在继续。我在学习上变着花样给你们补习，在生活中帮着找优点并及时给予鼓励，并帮你们树立好的形象……这些点点滴滴的小事我曾坚持了好长一段时间。虽然我的爱无法立刻融化你们坚固冰冷的外壳，虽然你们3个每往前走一小步，就要在原地踏上300步，但在缓慢的前行中，我终于等来了灵感和时机。

在一次家长讲堂上，小张同学的妈妈说想要给孩子们送20本书，希望同学们认真阅读。当我听到这句话时，一个新的想法便产生了。何不让这3个人来管理这些图书，我再准备些，一人管理10本，在竞争、合作中让他们参与班级事务，在服务同学们的同时，也许就会找到存在感。一个人一旦在集体中有存在感，那该是多么美好的一种感觉！这样的孩子又怎能不进步呢？

在我的指导下，他们很快整理出详细的书单和借阅条例，然后按规定并一周两次对借阅情况进行书面和口头总结。平时让我操不完心的他们在这件事上做得像模像样。后来，3个小精灵竟然锦上添花，又筹集一部分书来扩充班级里的存书量。

书多了，他们课下也就忙了起来，在借借还还中他们逐渐和同学融为一体。在总结借阅情况时，同学们为他们的辛苦付出鼓掌，在掌声中他们露出羞涩的笑容，我看得出来，这笑容里明显多了一份成就感。就这样，他们在一周周的忙碌和掌声中一点点地蜕变。

你们3个让我爱得好辛苦，也让我爱得如此幸福！

校长心语：爱学生是教师的本能，拥有爱的智慧是教师必须修炼的能力。教师只有智慧地爱学生才是对生命的尊重和热爱，才有可能铸造教育的奇迹。爱的使命在于给生命以生长的力量。李老师在不断摸索和坚持中找到了付出爱的方向，使这3个孩子找到了存在感，在集体中体会到自己存在的价值，这就是一个人自身发展的内驱力。有了动力来源，即使成绩暂时上不去，但孩子也一样可以快乐地享受学校生活。

爱的回声：

　　"我！我！"一双双小手高举着，又到了"争当小老师"的时刻了，同学们争先恐后，生怕自己抢不到讲题的机会，这就是我们的课堂。"抢讲台"——每天都在活跃的氛围中随时开启。讲题的同学自信表达，复习要点"温故而知新"；不会的同学珍惜机会、洗耳恭听。同学之间用通俗的语言轻松理解。老师在这时也会有意挑选一些平时不常发言的同学，让大多数同学都有机会，走上讲台说出自己独特的见解，让侃侃而谈的课堂不再是梦想！

　　　　　　　　——凝碧校区五（1）班　沈儒溢

爱需要智慧

◎ 陈向珍

李烈校长在《给生命涂上爱的底色》一书中说道：教师对学生的爱是一门艺术，因为爱不仅包含赞扬、鼓励，也包含批评与教育。对于特殊孩子的爱，我们更要讲方法，讲智慧。

新学期第一周的班会，依然发挥自主管理的功能，各个小干部总结本周的工作，并对存在问题的学生提出改进意见。让我欣喜的是，被指出问题的同学都能认识到自己的错误，而且诚恳地表达了感谢，并决心改正。班会很是和谐顺畅。

"我没说，我没说，我就是没说！"一声怒吼使教室和谐的空气立马凝结。紧接着，我看到一脸满不在乎的小明，摇晃着小脑袋，两只大眼睛不忿地往上瞥一下，往下瞥一下。哦！又是他，刚接这个班第一个认识的就是他。他的最大特点就是蛮不讲理，即使有错也死不承认，是最令我头疼的家伙。这是用餐管理员在批评他吃饭的时候总是说话，他不但不像其他同学一样接受批评，反而立马无礼地反驳。我强压着怒火，问其他同学，他是否用餐时说话了。我话音刚落，同学们便都纷纷指责他说每天吃饭的时候他的话最多。再看看小明依然一副无所谓的表情，我说："那下周的餐桌长就由小明来当吧。"没想到这孩子立马说："我不当，我不想当！谁爱当谁当！切！"看着他那一副不屑的表情，理智告诉我：要淡定！他是个"顺毛驴"，现在立马打压下去不是解决问题的根本办法。冷处理吧，继续我们的班会。

　　班会结束后，我拉着他的手去我办公室，从他慢慢悠悠的步伐中，可以看出他的不愿意。进了办公室，我拉了把椅子对依旧满脸不屑的小明说："来，先忘掉不愉快，坐下休息下吧。"然后，我拿出一颗糖果递给他说："尝一尝，奖给你的。在刚开始学习组长指出你的问题时，你能意识到错误并表示感谢，说明你是一个讲道理、有礼貌的孩子。"他接过糖，我看到他脸上的表情缓和了一些，但似乎还带着些疑惑。紧接着，我又拿出一颗糖果，笑着递给他说："这个糖更好吃，也奖给你了，因为今天你英语课上表现很好，还能积极发言，与上学期相比有了很大进步，说明你是一个想上进的孩子，老师喜欢积极向上的学生。"小明脸上露出了一丝浅浅的羞涩的笑容。看着孩子情绪趋于平静，我立马把话题转到今天的班会。"那老师现在来问问你，餐桌长反映的问题你有委屈吗？"他连忙摇了摇头。"那你能接受别人的批评吗？""能！"小明脸上不屑的表情已经不见了。"很好，那咱们班的同学是怎么接受别人的批评与建议的？""向提出自己缺点的同学表示感谢，而且以后还得改正！""真是聪明的好孩子！那老师给你一次改正的机会，下周的餐桌长由你来当，由你来管理你们的餐桌纪律，愿意吗？"小明连忙点头说："愿意！"看到孩子态度的转变，我在心里偷偷地笑了，连忙说："好样的！你看，这颗糖是老师最爱吃的那种，现在奖给你，这是对你当餐桌长的鼓励，老师期待你当餐桌长的精彩表现，去吧！"小明高兴地点点头跑出了办公室。

　　接下来一周的用餐时间，我注意着他的改变。吃饭的时候，他不再像以前一样爱讲话了，而是用手势提醒其他组员不要说话，好好吃饭。等组员们都吃完了，他留下来把餐桌擦得干干净净。林清玄的一本书里说："爱，是人生追求的目标，但更重要的是在追求的过程中变得更温柔，更有艺术，更有智慧。"作为一名老师，在班级管理工作中，我们需要爱，而且要爱得智慧，爱得艺术。

校长心语：没有爱的教育，就像鲜花失去了养分，是一种徒劳无功的劳动。没有爱也就没有教育。教育需要用心，教育需要用爱。陈老师爱得智慧，爱得艺术。一切皆因爱而变。

爱的回声：

五年级孩子的表现总是超乎想象，经过老师们的精心筹划，孩子更加游刃有余。从《花木兰》话剧表演中，孩子不断细读经典、体会角色；从钢琴、小提琴、长笛"合奏加伴舞"中，孩子学着相互倾听、感受谦让；从数学公开课中，孩子思维活跃却彬彬有礼……老师总是悉心为孩子们搭建平台却又让出舞台，引领孩子们更加主动地去思考、去展示、去合作。

——凝碧校区五（1）班　沈儒溢家长

从为新书穿新衣开始

◎ 潘超超

2016年2月20日，一个令我终生难忘的日子——特级教师管建刚收我为徒。从此我可以跟着心中的作文教学男神，更加明确地前行了。未来有梦，更有路！一番思索，新学期的作文教学必须呈现新气象，于是……

每一年总有孩子不包书皮，最后练习册被"蹂躏"得不成样子。想起自己小时候，用印刷精美的挂历纸包书，惹人羡慕的景象。童年的回忆，童年的趣味，悠远难忘。我也想给我的学生们一个难忘的童年——从为新书穿新衣开始吧！

周三下午，布置语文作业：自己动手为练习册包书皮，要求实用耐用、美观新颖、环保节约；周四上课评选"最美练习册封皮"。作业摆在面前，顿时有人欢喜有人愁。"老师，我不会，咋办？""老师，我已经买了书皮，咋办？""老师，我家没有挂历纸、报纸，咋办？""问问爸爸妈妈，动手百度一下。总之，办法总比问题多，不要先找借口退缩。"人都是要逼迫自己一把，才会发现自己有多强大的。这样一个具有挑战性的作业，对于孩子们一定会收获颇丰！

第二天一早，就有学生纷纷找我炫耀自己的作品，讲述自己的囧事，感慨自己的心得。我却不动声色，不做任何评价，学生们慢慢冷却，时不时张望着我……整整一上午，就这样悬着！

"同学们，这学期我们作文要做一个大变化！"学生们听后瞪大了眼。"你现在拿的作文本以后就是草稿本，而正式作业呢，是一张高级作业纸。一次作业一张，我们会从中挑选优秀文章复印两份，一份自己再修改后录入电脑，最后整理成班级作文报——《写吧》，进而推荐给报刊。另一份呢，就作为个别同学的学习材料。这样，到了期末，我们再用心设计一个封皮，你就拥有了属于自己的《作文集》。"一片沸腾过后，大家转入新话题——今天作文写什么？

"用心做事的故事！"看着大家一脸茫然，我边走边随手拿起一本练习册："你瞧，这本练习册，虽然做工有些粗糙，但是我可以看到他的用心。再看这本，旧书皮做拼接，也能焕发新活力。你看，谁知道这是什么材料做的？"是呀，似纸非纸，手感特好，这到底是什么？这可难住了全班人！"这是壁纸！"全班皆惊！"我想，这里面一定有用心做事的故事，我很想知道。再看这个镂空效果的封皮，纯手工DIY的封皮，衣服包装塑料袋改做的封皮……我相信，每一个漂亮封皮背后，都有一个又一个的好故事。选取一两个，用心写吧。"

最美封皮，不言而喻，大家看得清清楚楚。那此时此刻羞于展示、拼命埋头的人咋办呢？"老师，我没有用心做，就是买了一个书皮套上了！咋写作文呢？"瞬间，好几个人抬头注视着我，想抓一根救命稻草！"那就用心反思吧！看看同学们得意扬扬的笑容，看看同学们洋洋洒洒写作的身影，羡慕吧，忏悔吧。我不管你们了，我还得用心给他们照相呢！"我拿起手机，逐一拍摄最美的练习册封皮，记录此时此刻属于每个人的荣耀。今天"不管"你，只为让明天的你更加努力。

校长心语：从善如流，为每个孩子搭建一个展示的平台，共同见证梦想的一步步实现，这是一种爱的积淀与升华。写作的动力是发表。这份班级作文周报《写吧》，蕴含着老师对每个孩子写作能力和价值趋向的全面关注，饱含着家长对孩子学习生活状态的全面认识，充满了学生无拘无束成长中的喜怒哀乐！写吧，写吧，尽情地写吧！让爱在字里行间流淌，滋养每一个人的心田，照亮师生成长的道路！

爱的回声：

  曾经我教育孩子的理念是：培养和塑造。其实说白了就是让孩子按照我期望的方式成长为我想让他成为的那种人。潘老师，孩子的这几篇作文不但让他自己高兴，对我也是一种震撼。原来没有妈妈的强权干预，孩子也能成长得很好！

  谢谢您，潘老师！是您的创意课堂激发了孩子的作文能力，让我看到了生命的另一种可能，那就是：接受孩子本来的样子，让他按照他自己喜欢的方式成为他自己想成为的那种人，他也会成长得很好！

——凝碧校区五（2）班　张雅哲家长

吃橘子

◎ 张小红

　　吃橘子的方法对于很多人来说一点都不会陌生，无非就是把橘子剥开之后直接吃，酸酸甜甜的口感，一直以来受到大家的喜爱，但是你知道吗？橘子换种花样吃，会有哪些惊喜呢？

　　"今天的加餐是橘子，太棒了！"孩子们摆弄着橘子，说笑着，准备开吃。

　　"宝贝们，停！想不想把今天的橘子换个吃法？"我的一句话让教室一下子安静下来。

　　"怎么吃？"前排的祥祥好奇地问。

　　"孩子们，我想问大家一个问题，橘子为什么剥了皮才能吃？"

　　"因为橘子皮不能吃呗！"小伊迫不及待地回答，引得大家欢笑，更激起大家思考：

　　"橘子长皮是为了保存水分，吃之前剥掉橘子皮更好吃。"

　　"橘子皮太涩，若不把皮剥了，影响口感。"

　　孩子们的答案五花八门，归根结底，就是橘子必须剥皮才更好吃。

　　"孩子们，你们说得都很好，其实它还有一层意思，吃橘子要剥皮，剥这个动作是让我们先付出劳动，继而才是吃，也就是说我们得先付出才会有收获,正所谓先苦后甜嘛!"

"噢!是呀!"孩子们端详着手中的橘子,若有所思,似乎明白了我今天要把橘子换种吃法的寓意了。

"第二个问题,橘子为什么长成一瓣儿一瓣儿的?"

"老师,橘子长成一瓣儿一瓣儿的,就像是我们的一个个小组,一个个小家,紧紧地围在一起,团结一心。"智慧的阿俊话音刚落,教室里就响起了热烈的掌声。

"老师,橘子长成一瓣儿一瓣儿的,就像是我们紧紧地依偎在妈妈的怀抱中,温馨、温暖。"掌声再次响起。

"老师,一瓣儿一瓣儿的橘子,就像我们在座的每一位同学,我们是一家人,一家人就应该团结在一起。"小凯的话总能让人心里暖暖的。

"是呀,孩子们,一瓣儿一瓣儿的橘子紧紧拥抱,象征着团结、积极、友善、温暖、温馨、感动。其实,一瓣儿一瓣儿的橘子同样是让我们学会分享、便于分享。"说完,我掰下一瓣橘子放入小曼的嘴里。

在大家的欢笑声中,橘子被掰成了一瓣儿一瓣儿的,分给你,分给我,分给他,没有顾虑,没有抱怨,有的只是快乐、感动。温馨的画面,酸甜的橘香,爽朗的笑声……久久难忘的,是曾经我们用这样的方法吃橘子。

校长心语: 教育无处不在,只要找到契机,吃橘子,看似平常的一件小事,你却把它做到了极致。教育不仅是教书,更是育人,在你的班级管理中处处体现。你真正做到了有一颗敏感的心,一双敏锐的眼,用心、用爱去陪伴孩子们,是一位有智慧的教育者。

爱的回声:

每次的家长会我都能感受到老师们的用心和孩子们的精心编排。这次的家长会我感受很多，每个孩子都有他闪光的一面，我们应该及时给予肯定，这样可以鼓励孩子上进，特别是在小升初的关键时刻，这一活动增加了孩子们的上进心。在这几年里，孩子的变化很大，懂事了许多，这与老师的关怀和教导是分不开的。我对老师们的感激无法用语言来描述，但永远记在心中。

——凝碧校区五（2）班　官常凯家长

爱润童心

◎ 郜鹏燕

爱，是用心的成就；爱，是无声的润泽；爱，是特别的关注……

当生命在爱的滋养中，快乐地成长，恣意地绽放，那将是一个教育人莫大的幸福！

那是一个大课间结束后，我坐在办公室休息，"精彩家长群"中雯雯的家长发来一条信息，说今天是雯雯的生日，让我转告她放学后去奶奶家过生日。我赶紧回复短信，并祝福孩子生日快乐。之后，我陷入了沉思。

雯雯是一个不声不响的孩子，默默无闻到让人很难感知她的存在。平日里她守纪律，作业完成认真，但上课从不举手发言，课下也听不见她大声说话。偶尔，与老师四目相对时，她总是怯怯地慌忙躲开，白皙的脸庞上瞬间泛起两片红云。唯有考试过后，她那骄人的成绩才让孩子们记起教室里还有这样一个孩子。

关于她的内向，她爸爸多次跟我沟通，希望孩子能有所改变。我尝试着与她谈话，鼓励她参加班级活动，似乎用处不大。通过与家长的多次沟通和观察，我了解到她生性胆小，小时候父母工作忙对她的陪伴太少，孩子自身的安全感极低。她上学期又刚刚插班到这里，朋友本来就少，再加上家住得远，与班上孩子课下交流的机会少，孤独感较强。给孩子安全感，呵护她敏感脆弱的心不受伤是我首先想到的。于是，每天早上看到她，我总会装作不经意的样子摸摸她的头,微笑着问她是否吃早饭了;下午放学亲切地嘱咐一句"坐车小心点";上课回答问题、参加班级活动,如果她不乐意,我总是尊重她的选择,绝不会勉强她……我希望她这朵美丽娇艳的花儿,自然地、自由地、自如地绽放属于她自己的精彩。一段时间后,她果然少了一些拘谨,课下见到我话也多了,但课堂上、班级活动中总还是难见她的身影。怎样让她敞开心扉、融入集体、树立自信是我一直思考的问题,也许一个人的转变真的需要一些契机。

中午吃完饭,我跑去文具店买了一个粉色的印有白雪公主图案的密码笔记本送给她做生日礼物,思索再三,我真诚地为她写了一首小诗:

孩子,你总是
如一株芬芳的紫丁香,
默默地,从不张扬,
害羞总爱写上你的脸庞。

孩子,你知道吗?
竹笋为迎接灿烂的阳光,
茁壮地成长;
雄鹰为追求广阔的天空,
勇敢地飞翔;
小溪因向往浩瀚的海洋,
不停地流淌。

愿你如那竹笋,
像那雄鹰,
似那溪流,

发出欢乐的歌唱，

奔向生活的海洋。

第二节班会课上，我神秘地对同学们说："今天，我们班有一个同学过生日，你们猜猜今天的小寿星是谁？"当我公布雯雯的名字时，局促不安的雯雯在同学们热烈的掌声中露出了害羞的微笑。同学们自发地为她唱生日歌，还真诚地对她说了许多鼓励和祝福的话。我当众念了我送给她的诗，并与她紧紧拥抱，我能感觉到她急促的呼吸、微微颤抖的身体，清楚地看到她微红的眼圈、绯红的脸颊。但就在那一刻，我觉得我们有了某种连接。

第二天，语文课上，我惊喜地看到雯雯红着脸，犹豫再三，终于勇敢地举起了手。我赶忙请她回答，全班同学非常默契地鼓起掌来。

现在，校笛子队里有她优雅的身影，戏剧节上有她精彩的演出……望着她灿烂的笑脸，我总会在心灵默默地祝福：孩子，像只百灵鸟一样勇敢地欢唱吧，在这个属于你的春天！

校长心语：携爱前行，用心呵护，爱润童心，爱泽生命！我们希望每一颗星星都光芒四射，我们盼望每一朵花儿都精彩绽放，我们努力让每一个生命在爱的阳光下，健康成长，快乐生活，做最精彩的自己。

爱的回声：

学校在我的心目中是一个充满爱的大家庭。在这里，我们一起创造着一个个奇迹。

今年六一，学校为我们提供了歌剧院这个华丽的大舞台，让我们体验到了展示自我的快感。学校还为我们的乐团举办了专场音乐会，让我们又一次在舞台上大放光彩，享受着万众瞩目的骄傲和自豪。

在这个家庭中成长,我们一定会越来越出彩,成为更精彩的自己!

——凝碧校区五(3)班　常心悦

　　儿子在房间墙上,花花绿绿地贴了很多学校发的奖状。闲暇时,我喜欢伫立欣赏。这些奖状除了一些文化学习方面的,更多的是劳动、助人为乐、环保、运动、奉献、读书等方面的表彰。

　　在教育儿子方面,我一直是"散养"。这并不是说我不重视孩子的学习成绩,只是,我更在意儿子的成长。我希望他的人生,不仅仅是对父辈的克隆,更是超越,而这其中,最重要的就是要感受到生命的精彩。

　　学校的老师们不谋而合地在倡导这种健康的教育理念。这也促成了孩子能拥有一个美好的童年,在这样的岁月中,有五彩斑斓,更有灵魂,有爱的精髓!

——凝碧校区五(3)班　唐子轩家长

孩子，微笑最美！

友谊的小船怎能说翻就翻
◎ 曹淑云

现在的学生多为独生子女，他们虽然渴望与同龄人交往，但又习惯以自我为中心，与人交往能力比较欠缺，表现出唯我独尊的个性，所以常与同学因小事发生矛盾，真可谓友谊的小船说翻就翻。

轩轩和乐乐就是这样一对冤家，天天爱闹别扭，还天天爱往一块儿去。这不，又有同学来报告两人打起来了。一看，还真是让人生气，班里闹得乱糟糟的，一群人在数落着乐乐的不是，说是把轩轩的杯子弄坏了还打架。再看，乐乐气鼓鼓地站着，红着眼睛，还说轩轩把自己的什么东西也弄坏了……哎，真是断不完的"家务事"。

马上要上课了，我只好说："你们自己先反思原因，想想自己什么地方不对、该怎么办，想好了再来找我。"这种方法一般情况下都行，大部分孩子会自我反思，分析问题并解决问题，但对他俩，我真没抱什么希望。

不过，两个人还是认识到了错误，知道不该动手，谁弄坏了东西谁负责赔对方！我想，事情可以解决了。可是过了几天，轩轩又来找我说，自己已经还过乐乐的东西，但是，乐乐还没有赔他的杯子。据说，轩轩的杯子是德克士专用杯，是吃饭达到一定金额后才能买的。

可是，看着乐乐那种无所谓的态度，我不得不说："你们已经协商好了，就应该按照协商的来办，不能遇到困难就违反约定吧！"

第二天，轩轩又来说乐乐不还杯子，我只好找乐乐再问问了。

一问才知道，乐乐已经和家长说了给轩轩买一个杯子，但轩轩非要德克士的那种杯子，所以乐乐也没办法了。

早知今日何必当初呢？可是，事情到了这种地步，再要求乐乐，我又觉得于心不忍了，毕竟经过这个过程，他已经受到了教育。

我把他俩叫到我的身边，告诉他们："这件事，你们已经吸取了教训，以后还是不是好朋友？"

他俩你看看我我看看你，点了点头。

"那好朋友和杯子哪个更重要呢？"

"老师，我觉得友谊更重要，我不要乐乐赔我的杯子了！"轩轩还是比较懂事的。

"老师，我已经给他买了一个，可是和他的不一样！"

"著名科学家培根说：友谊能使快乐倍增，使痛苦减半。李白也告诉我们：桃花潭水尽管有千尺深，也不及朋友的情谊深。所以……"

"老师，我们知道怎么办了！"

我相信他们这次是真的知道了。

两个小冤家，又开始凑到了一起，从此他们俩再没有闹过矛盾，总是一副亲热的样子。我相信他们收获了一份友谊，也收获了一份幸福！

    校长心语：对教师而言，什么是民主呢？民主就是教师管理的根本精神，就是让学生学会自我管理、自主发展，这也是管理的核心目的。曹老师在班级管理中，充分尊重学生个性成长，遇事与学生商量，既让学生经历成长、接受成长中的酸甜苦辣咸，又适时介入，引领学生收获成长的经验，我想，做曹老师的学生应该是幸福的！

爱的回声：

  我在这里生活了6年，学会了很多东西。就在今年，我很荣幸地参加了全国中小学生的演讲比赛，并夺得了一等奖。这中间离不开学校的培养，更离不开老师的辛勤付出！在过去，演讲是我的兴趣爱好；在未来，演讲将会是我生活中的一部分。我会把它继续发展下去，感谢学校，感谢我的老师，感谢爸爸妈妈，谢谢你们一路走来的陪伴与鼓励，离开母校，我会更加努力，更加精彩！

——六（1）班　李怡恬

让阳光照进心灵

◎ 曹园园

　　作为教师，我们面对的是一颗颗最纯洁、最真诚、最美好的童心。爱，是我们走进孩子们心灵的最佳桥梁，我们只有用爱滋润每一颗童心，用爱让每个孩子树立自信，用爱激励每个孩子不断自我完善，才能使他们成为真正的自己，成为最好的自己！

　　小祥是一个坐不住的孩子，老爱动。因为自制力较差，他上课总是"眼观六路，耳听八方"。每次写作业，他不仅字迹潦草，而且总是很"从容"地拖到最后一个。我深知，对于这样的孩子，他们脆弱的自尊心更需要我们用心呵护。如何帮孩子实现自我转变？也许换一个角度，找到他的闪光点，就能找到一个很好的突破口。

　　在一次大扫除中，他积极主动地把垃圾斗刷得一尘不染，如同新的一般。我抓住这个契机，特意给他拍了照，并在全班同学面前郑重地表扬了他，那一刻，我发现他的眼睛亮亮的，小脸红红的，阳光般的笑容洋溢在脸上……

　　从那以后，每次劳动他总是跑得最快、干得最勤，而每到这时，我都会在班里大力表扬他。可是，如何把这种积极性迁移到课堂上呢？对了，可以让他担任下个月的卫生督察员，同时给他以期许，也许就可以激发他自我改变的热情和动力。

于是，课余时间，我把他叫到身边，耐心地说："小祥，你热爱劳动、关心班集体，老师想推荐你担任下个月的卫生督察员，你愿意吗？"他的脸上顿时绽放出灿烂的笑容，兴奋地说："老师，真的吗？我一定会当好这个卫生督察员，把咱班的卫生管理好的。"我拍着他的肩膀说："我当然相信你了，但是担任了班干部，就得处处严格要求自己，在各个方面都要做好，包括课堂上积极主动发言，作业认真完成，这样才是一个合格的班干部，才能让大家信服，你能做到吗？"

"没问题。"他拍着胸脯自信地说。

第二天的班会课上，我宣布了这个决定，并让全班同学来帮助和监督他把这项工作做好！从那张激动的小脸上，我读出了他的决心！

一个星期过去了，他真的尽职尽责，每天的值日他都细致地检查，不放过任何一个角落，劳动工具也摆放得整整齐齐。一个月过去了，他的工作干得有声有色，再看他的学习，字比以前工整了，听讲更认真了，学习成绩也稳步上升。

看到他一点一点在进步，我更加坚信，每一个孩子的本质都是纯真善良、积极上进的，作为教师的我们要有颗敏感的心，能随时捕捉到孩子生活中的点滴事件，或用细腻的爱去温暖，或用真挚的爱去唤醒，或用艺术的爱去感染，或用智慧的爱去引领，以爱育爱。当一个孩子置身于爱的阳光雨露中，爱就会在孩子心中发生美妙的化学反应，最终实现孩子的自我教育，而教育的过程也会因此变得更加美好、温暖！

校长心语：每个学生都有自己优秀的一面，作为教师要善于捕捉到学生身上的闪光点，激发他们主动上进的内驱力。在这个过程中，教师的爱就是一种引领，老师要学会爱得智慧，爱得艺术！

爱的回声：

　　一转眼女儿已经是一名六年级的学生了，成为小学阶段的最高年级的学生。随着课本知识难度、深度和综合性的增加，她的课业任务也渐渐地增加了不少。刚开始我还担心她学习负担太重会吃不消，后来发现这份担心是多余的。因为学校利用课余开展了一系列丰富多彩的六年级毕业季活动：手绘T恤、感恩母校我在行动、长途拉练……这些活动不仅丰富了孩子们的生活，同时也是对孩子思想上的一种引领、意志上的一种磨炼！

——六（1）班　王哲宁家长

一本有爱的日记

◎ 刘 英

六（2）班，一个阳光、积极、健康、向上的班集体。两年的时光匆匆走过，是什么引领这群懵懂的少年走过雨季，是什么记录他们如歌的岁月，还留下无限的眷恋？原来，他们班里有一本这样的日记！

骄阳里，送走了可爱的孩子们，可我的案头却留下两本沉甸甸的日记本——《班级日记》，它是孩子们这学期留给我最好的念想，是平日里我们学习交流的平台，是我们互相影响的有力见证。

新学期伊始，为了营造温馨班级，也为了提高学生的作文水平，更为了了解学生的思想状况，我买了一个精美的日记本，让孩子们每天写一些想给大家说的话。我认真地在扉页上写下寄语，最后还郑重其事地落上名字。

每天一人，全班轮流共写一本日记，孩子们撷取这一年里的欢声笑语，一年里的酸甜苦辣，一年中的收获与喜悦，让我们翘首期盼一年后的梦想。

结果，活动达到了预期的效果。

最先，由班长刘云格写《新学期新气象》，发出新学期的美好倡议，杨佩霖同学以《书香满堂》定下基调。接着，几个爱好写作的同学紧随其后，展开了热点话题的讨论：任浩铭的《扶不扶摔倒的老人》，刘家君的《备战小升初压力山大》，蔺思琪的《偏科害死人》……还有一向文静善思的他们：相阳的

《拉小提琴的酸甜苦辣》，裴俊磊的《我学游泳的喜怒哀乐》，董文婷的《朋友如水》……更有整日沉默不语的苗新东发出《为自己喝彩》的感叹……当然，其中也不乏学习方法的探讨：焦佳怡的《勤能补拙》，白怡荷的《作文既难又简单》，焦晨菲的《成功的秘方》……

每天早上，当孩子双手把日记本郑重地交给我时，我都仔细阅读，并写下简洁的评语，并附上五星级的评价。

当焦宇飞交上他的《数学让我又爱又恨》时，我告诉他：专心听讲，慢慢调整，爱上数学。

当焦淇瑞交上他的《零食，想说爱你不容易》时，我提醒她：很真实，认识深刻，注意营养的健康与全面。

当新任班长任浩铭一上任就写下《班级新闻播报》时，我欣喜地写下：好！新官上任三把火，希望你造福一方百姓！

没过几天，任浩铭因作业懈怠，遭爸爸训斥，不好意思地写下《一张破碎的试卷》时，我警示孩子要从中吸取教训，并写下：珍珠之所以璀璨，源于贝的含辛茹苦……希望你记住这次磨砺！

更可贵的还有上一任班长刘云格从新任班长任浩铭身上所看到并写下的《小细节彰显正能量》！

小小的日记本，记录着孩子们的点滴成长，传递着缕缕温情，其实更多的是思想的碰撞。

> 校长心语：作文天地，一个思想交流的平台！写《班级日记》，培养了孩子思考问题的能力，锻炼了孩子的问题分析能力、语言表达能力。以孩子们自己的眼光看世界，老师的适时引领，无疑是在潜移默化中感染学生、激励学生，达到"此时无声胜有声"的教育境界。一本小日记，彰显大智慧！

爱的回声：

  我至今仍清晰地记得那个晚上，孩子掩不住兴奋而又略带羞涩地说："这是我们的《班级日记》！今天由我来写！"

  从《备战小升初压力山大》《一个不好的班级现象》，到《做一名合格的小学毕业生》……一本《班级日记》，记录了孩子们六年级一年的所思所想、所感所悟，不仅真实展现了孩子们的生活，更体现了一种荣誉感。一本小日记，体现大智慧！

——六（2）班　刘家君家长

有一种爱叫作期待

◎ 陈晓红

孩子的心灵是纯洁而美丽的，如水晶；孩子的心灵又是脆弱而易碎的，如玻璃。老师欣赏着他们水晶般的心灵，更用教育的智慧保护着他们玻璃般易碎的自尊心。

傍晚，我刚踏入家门，电话铃响起来了。

"陈老师，我的练习册找不到了。今天下午大扫除结束后，我进教室的时候，发现桌子上就没有了。"

"你去办公室或讲桌上找了吗？"

"老师，我已经找了，没有。"

电话那头孩子的语气十分着急，我只能先安抚孩子说："那你今天晚上先不写作业，明天老师去班上问一下。"

放下电话，我陷入沉思，因为这是第三个孩子丢失练习册。前两个我与刘老师调查了一段时间无果，今天这样的事情又一次发生了。因为这三名孩子在班上的学习成绩非常优秀，为什么丢失练习册的人是他们呢？我有种感觉，拿走练习册的人是班上某个学习程度不好的学生，他想拿去参考一下。但这个人是谁，又如何找到？如果找不到，照此发展下去也不行呀。我越想越着急，这可如何解决？

第二天早上，刚到办公室见到刘老师，我就迫不及待地把昨天晚上又一个孩子丢练习册的事情讲述了一遍，刘老师说："咱俩得想想办法。"

周三下午第一节课，针对近段班上丢失练习册的事情，我们召开了一次班会，让孩子们畅所欲言谈一谈，练习册为什么会丢失？如果丢失的是你的练习册，你的心情如何？如果是你拿走了练习册，你应该怎么做？孩子们众说纷纭，各抒己见。

经过一番激烈地讨论后，我在黑板上写下了一个"善"字。慢慢地，班里静了下来。"同学们，连续几天班里面出现丢失练习册的事情，老师心里很不舒服。如果你拿走练习册是为了参考一下别人的作业，我想这些丢练习册的同学们是允许的。但是你用完后，要及时地还回来，因为你是善良的，你的目的并不是想影响他们的学习。如果把别人的练习册据为己有，那就是用一本练习册出卖了自己的尊严与人格，我想没有人愿意这样做的。老师期待拿走练习册的同学看完后，把练习册悄悄地放到讲台的柜子里。"

在学校，孩子收获的不只是学习成绩的提高，更重要的是收获做人的道理。有位教育专家曾谈过："我们幼小时所得的印象，哪怕极微小，小到几乎察觉不出，都有极重大、极长久的影响。"正如江河的源泉一样，水性很柔，一点点人力便可以把它导入他途，使河流的方向发生改变。从小事做起，从我们的言行做起，每一个微环境就是孩子成长的大环境！教育就是要千方百计地给孩子们从善的机会，保护孩子们的尊严。

我期待教育的成功，也期待练习册的出现。

校长心语：作为一名教师，神圣职责并不在于只是向学生传授书本知识，更是对学生的精神世界产生影响，这种影响的力度首先取决于对学生的爱。教育的意义在于唤醒每一颗善良的童心，使每一位学生都能得到阳光照射、雨露滋润。对于教师，心中有爱，才能关注每一位学生，才能让教育充满智慧，从而丰富爱的内涵，达到"以爱育爱，爱育精彩"的完美境界。

爱的回声：

　　老师培养了我们健康的情感、健全的人格和深挚的爱。这种爱，不只是老师对我们的"爱"，更是老师自身所拥有的爱，同时也是老师教学过程中不断生发出来的不竭的爱。正是这份源自心灵深处绽放的爱，在我们和老师之间产生了巨大的共鸣，从而产生了一种妙不可言的师生关系。

——六（2）班　任浩铭

让爱绽放心间

◎ 李 珊

爱是阳光，可以把坚冰融化；爱是春雨，可以让枯萎的小草发芽。作为一名教师，我愿意把微笑送给孩子，把鼓励传达给孩子，把爱播撒向孩子！

办公室里，寂若无人，没有课的几位老师不是伏案备课，就是埋头批改作业。我一本一本作业仔细翻阅，一行行娟秀的小字映入眼帘，它们整整齐齐地排列在一本干干净净的本子上，随即，一个可爱的身影也出现在我的脑海：细长的小眼睛，高高的鼻梁，长长的脸颊，中等个子却显得十分瘦小，说起话来总是腼腆的样子。看到他的作业本总给人一种错觉，还以为是个女孩儿。

记得五年级的时候，刚接到这个班，对班上的一切都还不太熟悉，对班干部的任命自然不能太草率，私下里，我找过好多学生进行了解，他们的推荐中都有他——小原。我也找了之前教过他的老师，同事对他的评价相当不错。可是，我看到的似乎不是那么一回事。一个星期有三次完不成家庭作业，刚开学时间不长就和其他班学生发生纠纷，家长会也不见家长到场。这究竟是个怎样的孩子？这个问题萦绕心间。后来，我才知道他的爸爸妈妈都去了外地工作，他和弟弟跟着奶奶生活。哎！小孩子都是这样的吧！一旦爸爸妈妈不在身边，就好比去掉了身上那把无形的枷锁，可以充分享受"自由"啦！于是，我便对他多了一些关注，因为我心里清楚：这样的孩子更需要老师的精心呵护。

后来，补作业、谈话……他就成了办公室里的常客。每次看到他又因为晚上上网到很晚白天上课打瞌睡而站在我面前低着头时，总感觉心里阵阵酸楚，他知道自己那样做不对，但是小孩子的自制力有限，要是他的爸爸妈妈在身边或许就不会这样了吧！

六年级刚开学，小原的妈妈来找我，言语中流露出对孩子满心的愧疚，因为她深知父母的陪伴对孩子至关重要。所以，新的学期，对于他来说更是新的起点。此后，他上课听讲更专心了，每次问题一提出，总愿意把小手举得高高的，晚上的作业也有了妈妈的批改签名。

我们班的集"赞"活动第一次开展，在我和搭档吴老师的鼓励下，他第一个报名，一周下来，收获满满，拿着那颗贴满了赞美之言的"大红心"，喜悦写满脸庞，幸福溢满心间。

可时间一久，问题又接踵而至。有一次，他妈妈跟我聊天说起小原最近又和一些"网虫"在一起，下午放学泡网吧，"您开导开导他吧，这孩子最听你的话了"！这句话里充满着无奈和企盼，我怎能袖手旁观？于是，他站到了我面前："小原，最近放学都去哪儿了？"虽然我的声音并不严厉却使他顿感局促。"老师，我错了！"他的脸色一阵阵发红，但并没有隐瞒，"我下午放学去网吧打游戏了，我会改正，不辜负老师和家长的期望！"下午，我的桌子上多了一封信：李老师，每当我犯错的时候，您总是耐心地开导我，您就像妈妈一样给予我鼓励和关怀……大人也会有犯错的时候，何况是小孩子呢？当错误发生后，我们应该用一颗宽容的心对待他们，这样才能给他们改正的动力！

上次，因为一点小小的误会，他和班上另一个男生豪豪在上午放学的时候发生了冲突，中午双方家长都来到了学校，情绪非常激动。当小原把事情原委和我讲了一遍之后，我并没有指责他的不当之处，因为我相信他自己心里也很清楚，而此时也并不是讲这些的最佳时机，反之，我对他的感受表示理解，并安慰他我会帮他解决这件事情，让他先到教室去上课。他上楼后，我又跟他妈妈聊了几句，待我上楼找豪豪时，吴老师告诉我，小原主动来找豪豪，表示自己有错误，道了歉并表示以后还要做好朋友，豪豪也认识到自己的不足，就这样双方化干戈为玉帛，就此平息了此次争端！

每个孩子都有一颗渴望被认同、呵护和关爱的稚嫩心灵，而我们只有具备了深刻敏锐的观察分析能力、机智灵活的沟通协调能力、艺术生动的语言表达能力，才能掌握打开学生心锁的钥匙，触及学生的心灵，收到良好的效果。正如陶行知先生所说："真正的教育是心心相印的活动，唯独从心里发出，才能到达心灵的深处。"

今天，让我们播下爱的种子，明天这份爱将绽放在孩子们的心间！

    校长心语：教师对学生的关爱，是学生成长的力量之源，是激发学生向上的动力。通过本文的小故事，我看到了老师工作的常态：怎样在细节处发现潜在的问题，怎样帮助和引导学生。

爱的回声：

  总担心孩子已经六年级了，学习任务重，会产生很大压力，很多时候我感觉束手无策。当那天晚上看到孩子抱着在班里集"赞"得来的"大红心"站在我面前时，我激动得热泪盈眶——我看到了一个快乐、阳光、积极向上的孩子。我为孩子遇到这样一个优秀的教师团队感到骄傲！

——六（3）班 常源清家长

发现"他"的美

◎ 吴丹丹

浇树先浇根,养鱼先养水,教人先教心。做老师这么久,我始终相信:"每一个孩子的心中,都睡着一个好孩子。"我们要做的就是去发现"他"的美。

教育就是一场心灵的对话。德国著名哲学家雅斯贝尔斯说:"真正的教育是用一棵树去摇动另一棵树,用一朵云去推动另一朵云,用一个灵魂去唤醒另一个灵魂。"它告诉我教育是"慢"的事业,作为教师,我们要充满爱心,要懂得原谅,要学会用另一种眼光看待学生,尽量发现他们的美,多表扬,少批评。

去年在办公室我听到最多的一个名字就是小丁,他几乎每天都要来办公室报到——补作业。想象中的他是调皮、邋遢的小孩,这学期教他才发现眼前这个阳光、帅气,还有一双灵动大眼睛的帅小伙与之前印象中的他怎么也对不上号。在与陈老师的沟通中我了解到他其实不笨,就是太懒,再加上回家没人管,家庭作业没有一次主动完成的。

我从一节数学课上就发现小丁真的是一个会思考、爱动脑筋的孩子。六年级上学期讲的分数乘除法,尤其是分数除法对一部分孩子来说难度较大。那天在讲完例题后,看到他若有所思地在本子上写着什么,下课铃声一响,他就拿着自己的练习本跑到我面前:"老师,这道题这样做对吗?"我接过来一看,他的方法完全正确,除了惊讶,也为他的小转变感到高兴,心里想着一定要在同学们面前好好地夸夸他。"孩子,下节自习课就由你来为大家讲解这道题,好吗?"他腼腆地一笑:"老师,我讲不好。""没关系,你的思路特别清晰,老师相信你,一定可以的!"就这样,他利用课间休息时间把自己的解题思路认认真真地写在黑板上。再看此刻的小丁,脸上多了一份自信、一份执着,眼前的他与那个常常不写作业的孩子简直判若两人。"在老师眼里,此刻的小丁身上自带光芒,他刻苦钻研的精神值得我们每一个人学习,也希望在我们身边涌现出更多像他这样会思考、爱动脑筋的孩子,让我们把最热烈的掌声送给他,我们的好伙伴小丁。"

曾经在一次报告会中,听一位老师这样说:"一个人要想有大的转变,需要遇到他人生中重要的人或者重要的事。"也许我改变不了他不写作业的习惯,但在育人路上,希望这次成功体验在他的学习道路上能激起一点点的涟漪。

一个学期过去了,当我已经要接受他不交作业、问了也没多大效果的现实时,交寒假作业的名单里竟然有小丁的名字,确实让我感到意外。我先是在教室里夸他:"新学期,新气象。瞧!看到小丁的寒假作业,除了惊讶,更多的是欣喜,我想他也一定想在自己美好的童年时光里画上一个圆满的句号,改变自己,不留遗憾。"接着就是在开学初的家长会上,当着全体家长的面,我大力表扬小丁的进步,他妈妈当时会心的一笑让我记忆犹新。是啊,谁不希望自己的孩子得到别人的肯定、赞许呢!接下来的一段时间里,小丁真的进步了很多,每天放学走之前都会把当天的作业交给我批改,虽然时有错误出现,可是我知道他能做到按时甚至提前完成作业已经是很大的进步了。

数学特级教师俞正强曾说过学习的改变缘于心的改变。而心的改变是需要条件的,这里有一种说不清的"缘",但这"缘"一定来自教师对学生持之以恒的关怀与守候。从小丁身上我渐渐明白,要尊重每一个孩子,用肯定、赞扬来代替指责、批评。当我们以欣赏的眼光去发现他的美时,我们也将发现不一样的精彩。

    校长心语:教育是一种慢的艺术,教育需要等待。静下心,慢下脚步,让我们一起牵着"蜗牛"去散步,克服每一个困难,享受他们成长的快乐!

爱的回声:
  原本胆小羞涩的我在学校这个大家庭里,在"以爱育爱,爱育精彩"的理念下,在老师的鼓励和帮助下,逐渐成长起来。如果没有学校组织的各种活动,如果没有老师们的循循善诱,或许我今天还是那个坐在角落里唯唯诺诺的女孩子。我想说,母校,谢谢您!老师,谢谢您!

——六(3)班 丁心怡

给孩子一个微笑

◎ 宗卫东

微笑，是人间最美的表情。一个微笑，可以化解坚冰；一个微笑，可以唤醒灵魂；一个微笑，能让心灵开出最美的花朵。

一直以来，我都相信这样一句话：给孩子一个微笑，他会给你一个明媚的春天。它时刻提醒我，要爱学生，因为只有在爱的雨露下成长起来的孩子才是健康的。

在六年级，小磊是比较突出的一位。第一次接触，他就给我留下了这样的印象：聪明，脑子活，反应快。随着时间的推移，我发现，他虽然上课发言积极，思维敏捷，但他的行为习惯却常令我担忧：争强好胜，对自己过分自信，常惹是生非。当与伙伴发生口角时，他总是据理力争，从不肯吃亏，宽容在他的眼中是懦弱的表现；在违反纪律受到老师批评时，他也总是满脸不服气，"歪理十八条"，条条有理，常噎得老师下不来台。因此，当小磊出现在我眼前的时候，我总是静静地观察他的一言一行，并暗暗下决心，用自己的爱去感染他，使他健康成长。

有一天下午，教室里只剩下我和他。我亲切地询问："为什么总不接受别人对你的批评，总爱跟老师对着干呢？"

"老师，您为什么总是指责我呢？"小磊还是以他一贯的强硬作风回答我。

听了他的话，我回忆起以前对他的态度，或许我平时对他的指责太多，已伤了他的自尊心。我沉默了一下，微笑着对他说："老师以前对你的态度是不够好，还当着大家的面批评过你，老师向你道歉。"听了我的话，他脸涨得通红，有点激动地说："其实……我……有时……我也表现不太好，但……我不是个坏孩子。"

"那好，我们就来个君子协定，我们互相尊重，你有错误我不在同学面前说，咱们私下解决，可你也要做到在同学面前不顶撞老师。"小磊一声不吭，只是使劲地点了点头。

回家的路上，我一直在想：师生关系本应该是亲密的。老师的举手投足、一言一行无不影响着师生关系，只有老师先做到态度和蔼、语言亲切、神态热情，才能成为学生的良师益友，学生才能亲其师，信其道，而学其理。于是，我开始努力修复我和小磊的关系。知道他十分爱看书，我就让他当了我们班的图书管理员。他非常热爱自己的工作，把图书整理得井井有条，并且能很好、及时地处理一些同学们借书、还书时发生的冲突；他上课发言积极，有一定的口头表达能力，于是每堂课我都让他发言，并给予鼓励。当他得到了渴望的奖卡时，看到他满脸笑容、十分自豪的样子，我也感到十分欣慰。

一天中午，孩子们在塑胶操场上玩耍，办公室里静静的。"有人打起来了！"班干部们着急的话语打破了这一阵平静。我急忙跑出去，两个孩子虽然眼中还有泪，可怒气明显已退了很多，都安静地坐在位置上。最让我吃惊的是，小磊气喘吁吁地坐在他俩中间："他俩已经没事了，老师，一点小事，已经解决了。"这话居然是从小磊口中说出来的，我呆住了。"老师，你可别表扬我，这是我该做的。"我清晰地看到他的眼中闪烁着自豪的光芒。原来，他看到两名同学在为一点小事吵架，就毫不犹豫地上去进行一番劝说，并帮他俩想了个解决问题的好办法。

一天下午，当我来到教室门口，发现小磊正等在那里，他高兴地向我问好，然后，悄悄地递给我一张卡片，压低了嗓门说："这是我亲手做的，送给您。"我看着他，那目光是真诚的、发自内心的。我端详着这张凝聚着爱心的贺卡，心中荡漾起一股暖流。当我满怀爱心去对待学生时，我已在爱中获得了爱。

校长心语：每个孩子都是一朵带笑的花，作为老师，最应该做的就是细心聆听每一朵花的心声。孩子们花期不同，性格迥异，唯有因地制宜，因材施教，才能听到花开的声音。良好的师生关系，亲密的师生情感，从一个微笑开始。

爱的回声：

老师的微笑像和风，带走了我的孤单；老师的微笑是暖阳，融化了我的倔强。感谢您，亲爱的老师，从您那满含笑意的眼睛里，我读懂了信任，也学会了担当。

——六（1）班 王磊